Do nicho ao lixo

Francisco Capuano Scarlato

Possui doutorado em Geografia Humana pela Universidade de São Paulo – USP – (1988), onde concluiu também o mestrado em Geografia Humana (1981) e as graduações em Geografia (1968) e História (1973). Foi coordenador de comissão do Ministério da Educação e professor da USP. Tem experiência na área de Geografia, atuando principalmente nos seguintes temas: Geografia Urbana, Geografia Regional, Cidades e Patrimônio Cultural.

Joel Arnaldo Pontin

Possui doutorado e mestrado pelo Instituto de Química da Universidade de São Paulo – USP. Concluiu sua graduação em Química Industrial pela Escola Superior de Química Oswaldo Cruz (1983). O autor tem vários trabalhos publicados em periódicos nacionais e internacionais e atualmente trabalha com inclusão social no Projeto Santo Agostinho.

18ª edição
Conforme a nova ortografia

Copyright © Francisco Scarlato e Joel Pontin, 1993.

Saraiva Educação S.A.
Avenida das Nações Unidas, 7.221 – Pinheiros
CEP 05425-902 – São Paulo – SP
www.editorasaraiva.com.br

Tel.: (0xx11) 4003-3061
atendimento@aticascipione.com.br
Todos os direitos reservados.

Dados Internacionais de Catalogação na Publicação (CIP)

Scarlato, Francisco Capuano. 1939-
Do nicho ao lixo: ambiente, sociedade e educação / Francisco Capuano Scarlato, Joel Arnaldo Pontin ; consultoria Sérgio de Almeida Rodrigues. – 18. ed. – São Paulo : Atual, 2009. – (Série Meio Ambiente)

ISBN 978-85-7056-428-3

1. Ecologia 2. Poluição 3. Proteção ambiental I. Pontin, Joel Arnaldo. II. Rodrigues, Sérgio de Almeida, 1937- III. Título. IV. Série.

Índices para catálogo sistemático:
1. Ambiente e sociedade: Ecologia humana   304.2
2. Ecologia: Sociologia   304.2
3. Sociedade e ambiente: Ecologia humana   304.2

9ª tiragem, 2022

Série **Meio Ambiente**
Editor: Henrique Félix
Preparação de texto: Paulo Sá
Revisão: Pedro Cunha Jr. e Lilian Semenichin (coords.)/Renata Fontes/Janaína da Silva
Chefe de arte: Tania Ferreira de Abreu
Diagramação: Setup Bureau
Assistentes de arte: Claudia Ferreira/Marcos Puntel de Oliveira
Produção gráfica: Antonio Cabello Q. Filho/Silvia Regina E. Almeida/José Rogério L. de Simone/Maurício T. de Moraes
Projeto gráfico: Zildo Braz
Foto de capa: Denise Zmekhoe/Angular
Ilustrações: Cláudia Ferreira e Cecília Iwashita
Mapas e gráficos: Tânia Ferreira de Abreu
Edição de texto e copydesk: Maria de La Luz M. Costa
Fotos: Angular, GammaSigla, Ikso Reflexo
Composição: Setup Bureau
Impressão e acabamento: Forma Certa

Todas as citações de textos contidas neste livro estão de acordo com a legislação, tendo por fim único e exclusivo o ensino. Caso exista algum texto a respeito do qual seja necessária a inclusão de informação adicional, ficamos à disposição para o contato pertinente. Do mesmo modo, fizemos todos os esforços para identificar e localizar os titulares dos direitos sobre as imagens publicadas e estamos à disposição para suprir eventual omissão de crédito em futuras edições.

CL: 810359
CAE: 602677

SUMÁRIO

INTRODUÇÃO	1
O homem e seu nicho	1
Um nicho muito especial	2
O significado de ambiente	4
Indústria e poluição ambiental	6
A problemática do lixo e dos reservatórios naturais	8
A questão energética	9
Capítulo I – QUESTÕES CONCEITUAIS SOBRE POLUIÇÃO	10
Poluição do ar	11
Deposição seca e deposição úmida	14
A importância do tamanho da partícula	15
Capítulo II – CHUVA ÁCIDA E *SMOG* FOTOQUÍMICO	17
Quem são os responsáveis?	17
Condições geográficas e atmosféricas	19
Chuva ácida	22
Caracterização da acidez da chuva: o dióxido de carbono e a chuva	23
Dióxido de enxofre	25
Óxidos de nitrogênio	26
Consequências das chuvas ácidas	28
Smog fotoquímico	29
Amônia	30
Inferência	31
Petróleo e conflitos internacionais	33

Capítulo III – O EFEITO ESTUFA 35
    Dióxido de carbono 39
    Metano 40
    Consequências do agravamento do efeito estufa 42
    Protocolo de Kyoto e as cotas de carbono 43

Capítulo IV – A CAMADA DE OZÔNIO 45
    Agentes agressivos à camada de ozônio 48
        Monóxido de nitrogênio 48
        Clorofluorcarbonos 48
    Protocolo de Montreal 50
    Consequências da depleção da camada de ozônio 52

Capítulo V – O LIXO 55
    Cada vez mais lixo 56
    O que fazer com o lixo? 58
    Técnicas convencionais de processamento do lixo 58
        Aterros sanitários e controlados 60
        Incineração 62
        Reciclagem e reúso 62
        Coleta seletiva 63
        Papéis 65
        Plásticos 66
    Poluição específica 66
    Vidros e metais 67
    Inferência 68

Capítulo VI – RESERVATÓRIOS NATURAIS AMEAÇADOS 69
    Os manguezais 70
        Elementos que afetam os manguezais 71
    A floresta amazônica 73
        Os povos da floresta 74
        Queimadas e desmatamentos 75
        Povos da floresta e o grande capital 78
        Programas energéticos 80
        Mineração 82
        Pulmão do mundo? 84
        Memória curta 85
        Razões para preservar a Amazônia 86
    Uma questão de ética 87

Capítulo VII – O AMBIENTE E A QUESTÃO ENERGÉTICA NO
    BRASIL 88
  Energia e poder econômico 90
  Energia no Brasil 91
  Fontes renováveis de energia 93
    Hidroelétricas 93
    Carvão vegetal 94
    Energia solar 95
    Combustíveis líquidos e gasosos 97
    Álcool etílico 97
    Álcool metílico 99
    As alternativas do Proálcool 100
    Biogás 102
  Fontes não renováveis de energia 104
    Carvão mineral 104
    Petróleo e gás natural 104
    Xisto 106
    Energia nuclear 106
    Cuidados na instalação da usina 108
    Outras alternativas energéticas viáveis 109

Capítulo VIII – CONSIDERAÇÕES FINAIS 111
  Ambiente 111
  Sociedade 114
    A experiência de outros países 117
  Educação 118

GLOSSÁRIO 121

SUGESTÕES DE VÍDEOS E *SITES* INTERESSANTES 124

BIBLIOGRAFIA 126

REFERÊNCIAS NA *WEB* 128

AGRADECIMENTOS

Queremos aqui expressar nossos agradecimentos aos professores: José Pedro Serra Valente, Ricardo Costa Mesquita e às professoras Reiko Isuyama, Sueli Angelo, Yudith Rosenbaum, mestres e doutores em diferentes áreas do conhecimento científico como Química, Física, Biologia, Geografia e Psicologia. A participação desses especialistas deu-nos a garantia de tratar multidisciplinarmente, de forma mais consistente, a temática aqui abordada.

INTRODUÇÃO

"Os estragos ambientais decorrem não só da produção mas também do consumo de bens, do efeito de uma usina elétrica sobre o ar e do néon sobre os olhos, de uma usina siderúrgica sobre um lago adjacente e do automóvel sobre os pulmões. Os danos são unitários ou coletivos. Podem provir de uma fábrica isolada de papel, que devasta as narinas, ou de uma centena de fumantes."

John Kenneth Galbraith

O homem e seu nicho

O título deste trabalho, *Do nicho ao lixo: ambiente, sociedade e educação*, revela por si só o que pretendemos com ele – desvendar o processo pelo qual o homem "devora" seu hábitat*. Para atingir nosso objetivo, procuramos integrar três abordagens distintas: a da História, a da Geografia e a da Química.

Sabemos que a indústria química introduziu mudanças significativas em nossos hábitos cotidianos. Paradoxalmente, com isso, o mundo mudou tanto para melhor como para pior: de um lado trazendo conforto, de outro deteriorando o ambiente.

Essa contradição nos leva a acreditar que as soluções para os problemas ambientais devem vir essencialmente da esfera política, isto porque as soluções dependem de negociações entre os diferentes interesses dos diversos segmentos sociais, como, por exemplo, indústrias, associações comunitárias, partidos, etc.

---
*As palavras com asterisco são explicadas no final do livro, no Glossário.

Unindo o conhecimento dos avanços da indústria e da pesquisa na Química às ferramentas de análise histórica e geográfica, indispensáveis à investigação científica, cremos poder entender melhor os problemas ambientais e também contribuir de maneira mais efetiva para sua solução.

O presente trabalho resultou de uma crescente inquietação perante a maneira como ainda são tratadas as questões ligadas ao ambiente. A destruição da camada de ozônio, o efeito estufa, a chuva ácida e a problemática do lixo urbano, assim como as estratégias elaboradas para a política energética do planeta, são alguns dos temas que procuraremos discutir e analisar.

Acreditamos que, se as pessoas adotarem conscientemente alguns princípios elementares de comportamento com relação ao ambiente, como cumprir as normas de seleção dos resíduos destinados ao lixo, poderemos alterar de maneira significativa a atual tendência de comprometimento da qualidade de vida. Para que isso aconteça, é vital divulgar informações sobre a presente situação do ambiente e sobre o que é preciso fazer para recuperá-lo.

Um nicho muito especial

O nicho, segundo o dicionário de ecologia ACIESP, é definido como: "papel ecológico de uma espécie numa comunidade; conceituado também como espaço multidimensional cujas coordenadas são os vários parâmetros que constituem a condição da existência da espécie. A restrição a este nicho é ditada pela presença de espécie competidora", ou ainda: "gama total de condições sobre as quais o indivíduo ou a população vive e se reproduz".

No espaço multidimensional, queremos reforçar a ideia de que o homem não é somente um ser biológico mas culturalmente inteligente. Entretanto, à medida que desenvolveu tecnologia e cultura, foi gradativamente inibindo sua natureza instintiva, responsável pela sua sobrevivência e das outras espécies animais. Para estas, preservar o seu hábitat e seu nicho é uma condição indispensável à vida. Os homens, ao contrário, estão destruindo gradualmente o seu hábitat e seu nicho, de tal modo que eles vêm comprometendo cada vez mais sua condição de sobrevivência.

Por mais contraditório que possa parecer, o homem "inteligente" vem introduzindo em seu hábitat uma espécie competidora: o lixo, resíduo da civilização.

Notadamente, esta concepção diverge das tradicionais que consideram a Ecologia como uma ciência simplesmente natural. Nessa visão, "ambiente, sociedade e educação" não só não interagem como são excludentes.

Trazer a público a discussão e a análise dos problemas ambientais vividos hoje pela sociedade mundial e, em especial, pela sociedade brasileira, foi para nós um duplo desafio: em primeiro lugar, por causa da complexidade e da amplitude dos temas abordados; em segundo lugar, por estarmos tratando de uma temática tão em moda, sem cairmos no perigo dos "mesmismos" decorrentes de uma certa vulgarização causada pela mídia, como pelos discursos políticos que encamparam o ambientalismo como forma de caçar votos.

Estamos convencidos de que para vencer este desafio conseguimos nos munir de algumas armas eficazes. Uma delas foi buscar na pesquisa a postura filosófica que, somente por uma prática teórica fundamentada numa visão multidisciplinar, permite cercar mais de perto a questão da amplitude e complexidade que envolve o tratamento científico dos problemas ambientais. E outra foi a firme convicção de estarmos vivendo um momento histórico onde equívocos e erros em relação à agressão ao ambiente poderão – no limite – criar condições irreversíveis para a vida sobre a Terra, não cabendo espaços, portanto, para diletantismos e ardis políticos. Temos consciência dos limites da ciência; porém ainda é um dos caminhos seguros que possuímos para enfrentar as ameaças à qualidade de vida sobre o planeta.

Hoje, mais do que nunca, temos a consciência de que a exploração pouco racional de recursos naturais renováveis e não renováveis tem gerado problemas de considerável dimensão, seja com o solo, com a água ou ainda com o ar. Tais problemas têm suscitado discussões que, extrapolando o âmbito regional e social, vêm integrando diversos setores conscientes da sociedade na elaboração de alternativas que visem equacionar tais problemas – um exemplo típico é o que vem acontecendo em torno da problemática do aquecimento global. Mesmo assim é sabido que alguns ecossistemas* já estão seriamente comprometidos e, a julgar por várias projeções, diversos outros também estarão, se algumas providências estruturais não forem tomadas.

Diante de tudo isso, não foi fácil elencarmos quais temas deveriam ser trazidos para nossa discussão e análise. Para tanto, achamos que deveríamos estabelecer alguns critérios objetivos que nos permitissem priorizar alguns temas no interior de nossa pesquisa.

Na busca desses critérios, descartamos a pretensão de abarcar a questão ambiental em sua totalidade. Sabemos, porém, que os diferentes ecossistemas do planeta não guardam fronteira muito precisa entre si e que, em tese, nenhum ecossistema é isolado ou está imune a interferências. Tivemos nítido esse fato em todos os assuntos que abordamos.

Pelos objetivos a que nos propusemos, porém, não cabe aqui uma discussão mais aprofundada sobre até onde deve ir nosso estudo, que analisa conceitos como ambiente e ecossistema. No entanto, não podemos deixar de expressar, mesmo que sumariamente, nossa posição sobre a questão.

O significado de ambiente

Não utilizamos a palavra "ambiente" apenas no sentido que ela tem para a ecologia clássica. Para esta, segundo Odum: "termo especial para indicar os campos de interesse da Biologia é ecologia, palavra derivada da raiz grega *oikos*, que significa 'casa'. Assim, literalmente, ecologia é o estudo das 'casas' ou, por extensão, do hábitat". Também não ficamos restritos aos limites dados pela ecologia humana, concebida pela Escola de Chicago, que, embora amplie o conceito da Biologia, nele inserindo o de cultura, ainda a encara dentro de uma visão "naturalizante" e não como ser histórico. Segundo esta escola, a questão fica assim colocada: "as instituições humanas e a própria natureza humana adaptam-se a certas relações espaciais dos seres humanos; quando estas relações espaciais mudam, a base física das relações sociais se altera, suscitando, dessa forma, problemas sociais e políticos". Por essa citação passam os fundamentos da ecologia humana.

Para nós, *ambiente*, além de ser o conjunto de interações entre os ecossistemas como entendido pelos biólogos, envolve também o sentido de interação com a cultura humana, numa relação de reciprocidade. Qualquer mudança que possa ocorrer em uma dessas duas partes afetará a outra. Nessas interações, onde as leis da Biologia regulam um ser vivo com o seu meio natural – "estrutura e função da natureza" –, devem também fazer parte as ações do homem, não somente como um ser biológico, mas como um ser inteligente.

Entenda-se aqui "inteligente" como capaz não somente de adaptar-se a novas condições do meio, mas também como inventivo, capaz de criar novas situações e de propor soluções alternativas para suas dificuldades. Tais soluções, embora constituindo respostas a problemas objetivos, são elaboradas segundo interesses de natureza ideológica. Assim, o conceito de ambiente assume nova dimensão, que contém a de ecossistema. Diferentemente da abordagem de ecologia da Escola de Chicago, a nossa não relega a atuação do homem na natureza a processos adaptativos ao meio.

Considerando o ambiente como um conjunto de fatores naturais e também não naturais, podemos compreender que os problemas ambientais do homem contemporâneo não podem ser tratados com neutralidade. A sociedade é responsável pelos danos causados aos ecossistemas. Nessa tese, aparentemente trivial, repousa uma questão de ordem metodológica de grande importância – os problemas ambientais têm natureza histórica. Em consequência, não podem ser resolvidos sem a transformação das atuais relações da sociedade com a natureza.

Os males resultantes da agressão ao ambiente vêm se agravando gradativamente através dos tempos. Na busca de soluções rápidas e práticas para seus problemas, a sociedade promoveu avanços técnicos nos quais a natureza saiu perdendo.

Partindo de nosso conceito de meio ambiente e preocupados em manter a máxima objetividade no tratamento da questão ambiental, concluímos que os critérios na escolha dos temas a serem tratados neste livro deviam ser de tal ordem que pudéssemos chegar ao geral partindo do particular.

Procuramos tratar de temas importantes em relação à qualidade do ambiente e que fossem ao mesmo tempo indicadores básicos das grandes transformações históricas sofridas pela humanidade.

Indústria e poluição ambiental

Há que se reconhecer nos últimos anos importantes avanços acerca da conscientização da temática ambiental no mundo inteiro. Mas ainda não se pode negar na atualidade, nacional e internacionalmente, uma frágil vontade política dos governos em relação à questão ambiental. Esta fragilidade só se resolverá se houver um movimento conjunto dos Estados do mundo. Afinal, se no passado as fontes de poluição estavam limitadas a determinada região, hoje, com o progresso técnico e a internacionalização das economias de escala, elas se tornaram um problema sem fronteiras territoriais. Quanto mais a poluição extrapola os limites político-administrativos dos Estados nacionais, mais a solução desses problemas passa para as decisões políticas internacionais.

Sabemos hoje que a solução para os problemas ambientais não se encontra somente na vontade política dos governos. A tecnologia avançou muito e os sistemas sócioeconômicos estão apoiados em esquemas difíceis de reverter sem provocar um sem-número de desequilíbrios. Quase todos os tipos de transportes atualmente em uso retiram a energia de que necessitam para mover-se dos combustíveis fósseis; a produção e a embalagem de produtos apoia-se em novas tecnologias; em muitos casos os vidros e os metais deram lugar ao plástico. É bastante difícil modificar tudo isso sem abalar significativamente a logística de produção e o "confortável" cotidiano da humanidade.

O crescente aumento na demanda de energia deve-se em boa medida à introdução de novos aparelhos de uso doméstico e industrial – componentes integrantes da cultura de uma parcela significativa e crescente da população mundial. Esse estado de coisas está associado diretamente às conquistas tecnológicas, das quais a maioria da população não parece ter qualquer vontade de abrir mão.

Vivemos hoje um momento de grandes mudanças. Aumenta de forma indiscriminada em todo o mundo o consumo de combustíveis orgânicos, o que ajuda a entender o porquê da elevação de dióxido de carbono (CO_2) na atmosfera. Essa elevação tende a ser maior nas aglomerações urbanas, onde o uso de veículos automotores é intenso, assim como é grande o consumo de energia para fins domésticos e/ou industriais.

Nessas circunstâncias, aumentam também os níveis atmosféricos de dióxido de enxofre* e óxidos de nitrogênio*, quase sempre pelas mesmas causas: industrialização não planejada e uso intensivo de combustíveis fósseis. A sociedade, por relutar em abdicar de alguns hábitos, como o desperdício de água e o descarte inadequado de aparelhos ultrapassados tecnologicamente, contribui para o comprometimento da qualidade ambiental planetária.

Temas como chuva ácida, efeito estufa, depleção da camada de ozônio, acabaram sendo escolhidos para serem discutidos nesta obra porque, pela sua magnitude, afetam a sobrevivência dos ecossistemas e podem ser considerados indicadores do grau de agressão feita à natureza pelo homem. Indicadores semelhantes são a crescente produção de lixo pela sociedade, a contaminação dos reservatórios naturais e a crise energética.

A problemática do lixo e dos reservatórios naturais

À medida que a nova sociedade urbano-industrial se consolidou, e com ela o consumismo como ideologia de vida, aumentou, tanto nas sociedades avançadas como nas subdesenvolvidas, o volume de dejetos domésticos e industriais. Até recentemente, porém, a humanidade ainda não tinha percebido que o volumoso lixo que produzia podia ser um problema para o ambiente. Então, usava sem grandes preocupações "áreas vazias", até mesmo mares e rios, como depósitos para seus rejeitos.

Os mesmos motivos que nos fizeram incluir neste livro temas como chuva ácida, efeito estufa, produção e destinação de lixo levaram-nos a elaborar um balanço das atuais condições dos reservatórios naturais do planeta. Considerando, porém, a impossibilidade de fazer isso de modo global, resolvemos nos ater ao Brasil e, neste, aos manguezais e à floresta amazônica. Além de constituírem uma realidade bem próxima de nós, essas regiões são de grande riqueza biológica e nelas podemos entender melhor alguns processos de exploração que, em termos relativos, apresentam-se menos avançados do que nas áreas compreendidas pelas grandes manchas urbanas.

A questão energética

Como último tema – mas não o menos importante –, discutimos a questão energética e sua relação com o ambiente. Aqui, estudaremos o desenvolvimento da tecnologia de transformação e o aproveitamento das diferentes fontes de energia. Também discutiremos as políticas econômicas adotadas pelas diversas nações, já que, provavelmente, são elas as maiores responsáveis pelas inúmeras agressões ao ambiente que presenciamos.

Esse trabalho surgiu da certeza de que qualquer ciência, seja ela chamada de humana, exata ou natural, tem como objetivo produzir conhecimento. Acreditamos que a soma de todos esses conhecimentos isolados deverá ter como consequência o bem-estar e a preservação da vida. Naturalmente, o fato de produzirem juntas não significa que as diversas ciências devam renunciar aos seus próprios enunciados e metodologias ou que se deva mistificar a realidade.

Mas um trabalho tão amplo como este a que nos propomos não poderia existir sem a convicção de que os estudos ambientais somente são possíveis por intermédio de uma prática transdisciplinar. Não serão medidas tímidas e isoladas, portanto, que resolverão problemas tão complexos.

Muitas são as frentes a serem atacadas para colocar sob controle os agentes que hoje ameaçam o equilíbrio dos ecossistemas. Entendemos que o ensino e a educação são armas poderosas contra essas ameaças. Em nosso trabalho, procuramos aplicar os conhecimentos das diversas ciências com o intuito de sugerir alternativas para os problemas ambientais. Outras frentes de igual magnitude, como organizações comunitárias, devem ser mobilizadas para a proteção do ambiente.

Capítulo I

QUESTÕES CONCEITUAIS SOBRE POLUIÇÃO

Poluição é um termo genérico usado para designar a quebra do ritmo vital e natural em uma ou mais áreas da biosfera. Esta, formada pela reunião de todos os ecossistemas terrestres e aquáticos, tem suas matrizes nos elementos terra, água e ar. O estado em que se encontram essas matrizes determina a qualidade ambiental. As três estão estreitamente relacionadas entre si, de modo que os desequilíbrios ocorridos em uma delas costumam refletir-se, de um modo ou de outro, sobre as outras duas.

Em geral, os padrões usados para determinar a qualidade dessas matrizes são definidos e estão associados às concentrações de substâncias que possam trazer riscos iminentes ao homem, à fauna e/ou à flora de determinada área. Em muitos casos, observou-se que tais compostos só causavam danos, isto é, só de fato eram considerados poluentes quando ultrapassavam certos níveis de concentração no ambiente. Em cada uma das matrizes ambientais, a presença desta ou daquela substância tem maior ou menor importância em função de dois conjuntos de variáveis: de um lado, as propriedades da substância, como por exemplo sua toxicidade, e, de outro, as características da matriz, como sua capacidade de dispersar os poluentes.

Ao se considerar a ação de poluentes sobre a saúde humana, porém, deve-se ter sempre em mente não apenas suas consequências imediatas, mas também aquelas que podem manifestar-se a longo prazo, decorrentes do acúmulo do composto no organismo ao longo do tempo. No começo, ele pode até não causar danos ou provocar danos quase imperceptíveis e reversíveis. Depois, os problemas vão se tornando cada vez mais graves e podem se transformar em irreversíveis. Por essa razão, o tempo de exposição é determinante na caracterização da periculosidade de um sistema contaminado.

Abordar os desequilíbrios que podem atingir as três matrizes ambientais implicaria uma extensa exposição teórica, que foge aos principais objetivos deste trabalho. Por isso, optamos por dar prioridade neste estudo aos problemas pertinentes ao ar. Em primeiro lugar, porque os fenômenos atmosféricos têm implicações mais universais. E, em segundo lugar, porque vários dos maiores problemas ambientais atualmente enfrentados por nosso planeta, como a depleção da camada de ozônio e chuva ácida, originam-se na atmosfera.

Poluição do ar

Entre algumas definições de poluição atmosférica destacamos a apresentada pelo Conselho da Europa (organização supranacional responsável pelos estudos de normatização dos interesses europeus): "existe poluição do ar quando a presença de uma substância estranha ou a variação importante na proporção de seus constituintes é suscetível de provocar efeitos prejudiciais ou de criar doença, tendo em conta o estado do conhecimento científico do momento".

Assim, a expressão "poluição atmosférica" é mais abrangente do que "chuva ácida", "efeito estufa" e outras que designam apenas um tipo de fenômeno poluidor, uma consequência. Partindo desse princípio, podemos dizer que ar poluído é aquele onde há uma relativa elevação da concentração de substâncias gasosas, líquidas ou sólidas estranhas à composição normal da atmosfera. Tais substâncias estão geralmente associadas às emissões dos canos de escape dos veículos automotores e das chaminés das indústrias. Devem-se ainda levar em conta os gases resultantes das combustões* domésticas (fogão, lareiras – aquecimento artificial –, etc.) e até mesmo as reações químicas que acabam gerando outras substâncias na atmosfera.

A origem dos compostos em um ambiente está relacionada a localizações específicas onde são introduzidas, isto é, sua fonte. Considera-se como fonte de poluição atmosférica tanto a fumaça vinda de uma única chaminé como as emissões de poluentes originadas por toda uma cidade industrial.

Podem-se classificar as fontes poluidoras em naturais e artificiais. As naturais seriam a vegetação, o solo com suas fontes geogênicas, as águas – principalmente as dos oceanos – e as combustões biomássicas. As artificiais seriam aquelas relacionadas direta ou indiretamente à atividade humana. Neste último caso, concordamos com T. M. Florence e preferimos falar em fontes antropúrgicas de poluição, em vez de antropogênicas, como se vê com frequência na literatura do gênero. Afinal, etimologicamente, o termo antropogênico está associado ao estudo da origem do homem e não da poluição produzida pelo homem. Uma outra classificação divide as fontes em estacionárias ou móveis.

A maior ou menor importância de cada uma dessas fontes de poluição depende de vários fatores, entre eles a toxicidade e o volume das substâncias emitidas e as condições de circulação atmosférica e aquática do local onde ocorre a emissão. Identificar tais fatores é condição fundamental para um controle eficaz e eventual intervenção nas fontes de poluição.

Um estudo acurado da qualidade ambiental de determinado local deve buscar compreender o ciclo biogeoquímico dos elementos químicos presentes nos reservatórios, para assim melhor controlar suas emissões e persistência. Ou seja, quando, por exemplo, nos referimos a um metal, deve-se procurar elucidar suas rotas e nestas as transformações que sofre. Os modos de surgimento em um reservatório natural estão diretamente relacionados aos tipos de fontes.

Os poluentes atmosféricos também são classificados em primários ou secundários. Os primários chegam à atmosfera diretamente da fonte, não sofrendo transformações químicas; é como se, quimicamente, não fossem produtos de uma reação ocorrida na atmosfera. Os secundários são compostos que se formam na atmosfera, muitas vezes resultantes de reações fotoquímicas envolvendo compostos como hidrocarbonetos, óxidos de nitrogênio e ozônio*.

Na figura abaixo está esquematizado o processo simplificado de emissão (natural e antropúrgica) de poluentes primários (direta) e secundários (indireta – produção fotoquímica), bem como de algumas transformações que estes sofrem e os processos de remoção.

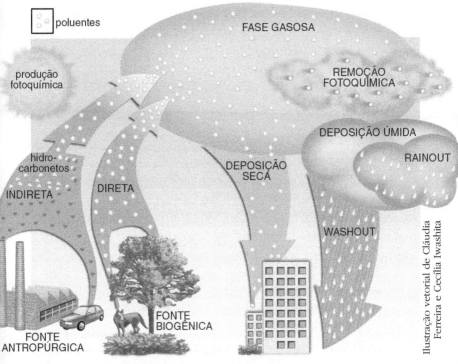

Esquematização do ciclo de produção e remoção de compostos lançados e formados na atmosfera.

Determinar a origem tanto dos poluentes primários como dos secundários é importante para definir critérios adequados ao controle tanto de situações "normais", quando os níveis de poluentes emitidos estão dentro de limites toleráveis, como de situações de emergência, quando para se evitar o agravamento da situação pode-se ter de recorrer à interrupção da emissão de algumas fontes específicas. Entretanto, é importante frisar que em determinadas situações, como condições meteorológicas e topográficas desfavoráveis à dispersão dos poluentes, a simples interrupção das emissões pode não ser suficiente para reduzir rapidamente os níveis elevados de certos poluentes. Essa é uma situação típica de um episódio crítico de poluição, quando medidas drásticas devem ser tomadas.

Muitos poluentes atmosféricos – primários e secundários – permanecem no ar por longos períodos de tempo e podem ser transportados a lugares muito distantes daqueles onde foram gerados. Mas quase sempre acabam por depositar-se sobre a superfície da terra.

Deposição seca e deposição úmida

A volta dos poluentes à terra ocorre por deposição seca ou úmida. A deposição seca ocorre na ausência de precipitação (chuva) ou neve e consiste na retenção de poluentes do ar por impactação ou adsorção nas superfícies de edifícios, vegetação, solo, etc. As partículas* maiores, nestas condições, também podem depositar-se simplesmente em decorrência de atração gravitacional.

O processo de deposição úmida, relacionado a fenômenos como a chuva e a neve, difere notoriamente conforme o poluente seja particulado ou gasoso. A velocidade de remoção depende muito da natureza do poluente; a solubilidade em água, seu estado físico (gás ou aerossol*), tamanho e a concentração do aerossol são particularmente importantes. O mecanismo de crescimento de uma nuvem pode afetar a eficiência da remoção. Para o aerossol existem dois processos possíveis:

Rainout – incorporação das partículas do poluente às gotas-d'água que vão dar origem às nuvens, sem que ocorra precipitação (ou mesmo antes desta).

Washout – arraste de partículas de um aerossol após a incorporação à gota líquida durante a precipitação.

O tempo médio que um poluente costuma permanecer em um determinado ambiente é chamado de tempo de residência [τ]. Quando esse tempo é definido para um determinado poluente, seu significado pressupõe a definição de um ou mais ambientes; por exemplo, a atmosfera, a hidrosfera, a geosfera, etc.

A importância do tamanho da partícula

Durante o tempo de permanência na atmosfera, uma substância pode ser inalada. Se se tratar de uma partícula, podemos avaliar a possibilidade de inalação, por via respiratória, simplesmente pelo seu diâmetro. Partículas com diâmetro médio superior a 15 μm (micrômetros*) normalmente ficam retidas nos cílios nasais ou ficam impactadas nas curvas do nariz. Uma parcela das partículas com diâmetro superior a 5 μm são retidas nas vias respiratórias superiores e são expelidas quando há assoamento. Entretanto, as partículas com diâmetro ao redor de 1 μm são respiráveis pelos animais; se inaladas, podem alcançar o alvéolo inferior do pulmão, gerando problemas de maior ou menor gravidade dependendo da composição.

Dessa forma fica ressaltada a importância de se ter informações sobre o tamanho e a composição das partículas. A partir dessas informações, também é possível especular acerca das relações com suas fontes. Por exemplo, frequentemente, compostos orgânicos em fase gasosa são responsáveis pela formação secundária de material particulado com tamanho submicrométrico, enquanto o material particulado supermicrométrico (partículas com tamanho maior que 1 μm) pode ser indicativo de emissões primárias.

Quando se pensa em controle da poluição do ar, deve-se levar em consideração um conjunto de fatores que compõem o sistema em estudo. A figura a seguir é um resumo das estratégias de controle normalmente utilizadas para aerossóis orgânicos, primários e secundários, e das estratégias de controle dos níveis de emissão para poluentes primários e secundários, feitas em uma e em duas etapas, respectivamente. E importante frisar que tais estratégias normalmente recaem sobre as fontes antropúrgicas, pois dificilmente se consegue controlar emissões de fontes naturais.

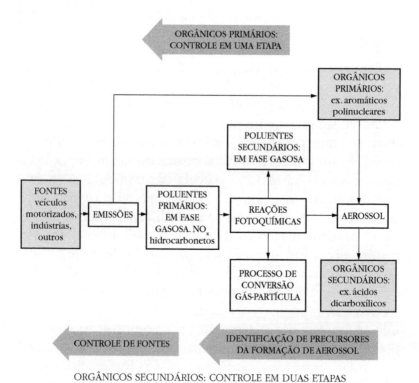

Estratégias de controle, (adaptação)
Ozone and other photochemical oxidants. Medical and biologic effects of environmental pollutants. *1977. p. 46.*

Capítulo II

CHUVA ÁCIDA E *SMOG* FOTOQUÍMICO

A chuva, que sempre foi uma espécie de bênção para os povos, símbolo da bonança e da fertilidade, vem se tornando, em algumas regiões, uma causadora de grandes danos a alguns ecossistemas. Mesmo assim, não devemos considerar a expressão "chuva ácida" como sinônimo de "poluição atmosférica". Ela é somente uma das manifestações dessa poluição, assim como o *smog* fotoquímico – um episódio crítico de poluição atmosférica.

Como vimos no capítulo I, nem sempre as substâncias tóxicas concentradas na atmosfera se precipitam sob a forma de chuvas. Às vezes, elas ficam no ar por longos períodos e acabam removidas por deposição seca. Enquanto permanecem no ar, porém, podem ser inaladas e causar danos à saúde humana. Fatores como circulação do ar, altitude e configuração do relevo, entre outros, podem contribuir decisivamente para o agravamento dessa poluição atmosférica em determinada região.

Quem são os responsáveis?

Sem dúvida é a indústria a principal responsável pela poluição do ar. Diretamente, pela fumaça que suas chaminés lançam ao ar, e, indiretamente, pelos gases gerados por alguns de seus principais produtos: os veículos automotores.

O avanço do processo de industrialização, responsável pelo aparecimento das regiões fortemente industrializadas do planeta, ocorreu até recentemente sem que os interesses públicos e privados tivessem qualquer preocupação em preservar o ambiente. Com certeza, isso aconteceu em parte porque até há pouco tempo não se conheciam os efeitos da poluição. Mas é provável que os maiores culpados tenham sido os princípios da livre iniciativa e da não intervenção do Estado na economia defendidos pela ideologia liberal. O liberalismo combateu as instituições feudais, defendeu a liberdade e a igualdade de oportunidades para todos e prevaleceu desde o século XIX – no início da industrialização – até as primeiras décadas deste século. No entanto, os princípios liberais também fizeram com que a implantação de empresas fosse guiada primordialmente pelo objetivo de maximização dos lucros, relegando a qualidade ambiental a planos secundários. Como resultado, herdamos cidades e até regiões inteiras fortemente marcadas pela presença de atividades industriais, onde ar e água mostram mais nitidamente as marcas da poluição, e onde indústrias poluidoras convivem lado a lado com residências.

Hoje existem leis ambientais para conter esse tipo de crescimento industrial desordenado. Em muitos países a legislação ambiental está muito avançada. E somente depois de acurados estudos sobre o impacto ambiental é que se permite a uma indústria instalar-se em determinada região. Em certos casos, se for constatado que a indústria causa um grande dano ao ambiente, ela é obrigada a deixar o local onde está montada. Também no Brasil é obrigatória a realização de Estudos de Impacto Ambiental (EIAs), que resultam nos chamados Relatórios de Impacto Ambiental (RIMAs), antes que uma indústria se instale ou que uma usina seja construída.

Apesar destes avanços, porém, em grande parte do mundo continua o problema das grandes concentrações industriais sem mecanismos de controle sobre agentes poluidores. E não será para tão logo que ocorrerá sua efetiva descentralização e implantação de mecanismos de controle ambiental. Os custos econômicos, sociais e ambientais são muito grandes para que isso aconteça. Além do que, qualquer intervenção desse tipo deverá estar apoiada em instituições democráticas solidamente consolidadas e soberanas, evitando processos autoritários de planejamento.

Condições geográficas e atmosféricas

Alguns fatores naturais podem dificultar a dispersão dos poluentes atmosféricos, intensificando os problemas de poluição do ar. Londres é um caso ilustrativo dessa situação. Os centros industriais mais importantes da ilha situam-se ao longo do litoral, onde a corrente do Golfo deixa o ar da costa mais quente e úmido em relação a sua latitude, condição que favorece a concentração de poluentes no ar.

A topografia e a frequência de fenômenos de inversão térmica são outros fatores naturais que também podem contribuir para agravar ou mesmo evitar alguns fenômenos críticos de poluição atmosférica.

Cubatão é outra cidade onde as condições geográficas influem decisivamente na qualidade ambiental. A cidade congrega grandes indústrias de diversas áreas – petroquímica, de fertilizantes e siderúrgica – que se instalaram na região devido à sua proximidade portuária e da região metropolitana de São Paulo. Contudo, localizada na planície litorânea da Baixada Santista, Cubatão está comprimida entre as escarpas da Serra do Mar e alguns morros, o que a priva dos efeitos dispersores dos ventos alísios. Nessas condições, o ar, deslocando-se para essas localidades, é ali barrado. Com isso, os gases tóxicos emitidos pelas chaminés das fábricas permanecem sobre a cidade, asfixiando-a. O elevado índice de emissão de poluentes e a intensa incidência de radiação solar (região tropical) criam condições muito favoráveis à ocorrência de uma série de reações químicas que pioram ainda mais as condições do ar. Como se isso não bastasse, a região tem também uma rede de drenagem de fluxo difícil, pois é um estuário. Os rios encontram dificuldades para dispersar os dejetos neles lançados, já que são cursos de água de planície e muito sinuosos (fluxo lento), o que dificulta a descarga dessas águas para o mar.

Cubatão já foi considerada um dos lugares mais poluídos do mundo. Para se ter uma ideia, havia sérios indícios de deslizamentos em alguns pontos da Serra do Mar. A partir de 1982 foi articulado um grande projeto envolvendo governos estadual e municipal, iniciativa privada e comunidade local. As principais metas estabelecidas foram: aprimoramento dos sistemas operacionais das indústrias para minimizar escapes naturais de processos e evitar vazamentos decorrentes de acidentes; maior e melhor caracterização dos poluentes e correlacionamento com suas prováveis fontes; reflorestamento da Serra do Mar; exigências de redução progressiva de emissão através da instalação de filtros, sistemas de tratamento de efluentes, etc.; construção de barragens nas principais drenagens para reter o material sólido. O caso de Cubatão é bem ilustrativo da importância da decisão política. Ao mesmo tempo, também evidencia como a indefinição de ações de preservação pode ter sérias implicações ambientais. Mesmo assim, de vez em quando, ainda ocorrem situações críticas de poluição.

Outra área onde as condições geográficas favorecem o agravamento da poluição do ar é a região metropolitana de São Paulo. Quando se aproxima o inverno, tanto a população como as instituições de controle ambiental ficam alertas para a ocorrência das chamadas inversões térmicas. À medida que a superfície da Terra se aquece, o ar das camadas mais baixas da atmosfera também se aquece com o calor irradiado pela terra, fica mais leve e sobe, sendo substituído pelo ar frio e mais pesado das camadas mais altas; nesta situação, os poluentes presentes na superfície são dispersos com eficácia. Entretanto, se houver um rápido resfriamento do solo ou das camadas mais baixas da atmosfera de maneira que o ar quente fique por cima da camada de ar frio, teremos uma espécie de efeito tamponante, conhecido como inversão térmica: o ar frio poluído das proximidades do solo, que está mais frio e é mais pesado, não pode ser trocado pelo ar mais puro, um pouco mais quente, das camadas mais altas da atmosfera.

O fenômeno da inversão térmica é bem característico no inverno. Numa situação como essa, a imobilidade do ar concentra muitas substâncias poluentes sobre a mancha urbana, dificultando a dispersão. Essa é uma das razões que explicam o fato de no inverno acontecerem as situações mais problemáticas de poluição ambiental.

As inversões térmicas não eram problema para São Paulo até algumas décadas atrás, quando não havia tantas indústrias e carros. Tanto que, em regiões pouco urbanizadas e não industrializadas, esses fenômenos continuam a não trazer distúrbios.

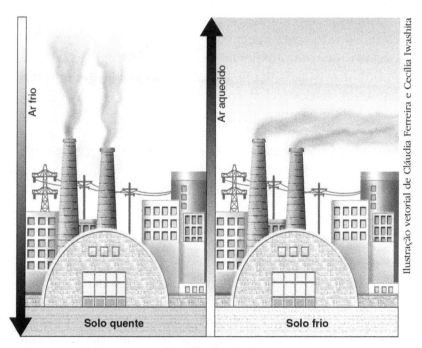

Inversão térmica.

Várias foram as vezes em que cidades como Santo André e São Paulo vivenciaram períodos críticos de poluição. Nessas ocasiões, foi necessário colocar em prática medidas de emergência, como redução do tráfego e interdição temporária de algumas indústrias, no intuito de evitar consequências mais dramáticas.

O crescimento da indústria automobilística acabou impondo uma nova perspectiva urbana. Em vez de se adaptar o automóvel às condições da cidade, adaptou-se a cidade ao automóvel. Criou-se assim um grande paradoxo. Por um lado, o automóvel funciona com um símbolo de *status*, poder e autossuficiência. De outro, atua como um instrumento de "envenenamento" da sociedade. A mistura gasosa que emana dos canos dos escapamentos é bem diversificada. Contém, entre outros constituintes, óxidos de carbono (CO e CO_2), hidrocarbonetos (compostos formados apenas por carbono e hidrogênio – combustíveis não queimados) e óxidos de nitrogênio (NO_x), além de material particulado.

Como já apontamos na nossa introdução, cada capítulo deste livro buscará integrar os diversos fenômenos relacionados à questão ambiental já que nem sempre é possível abordá-los isoladamente. O estudo da poluição atmosférica, se encarados os fenômenos que ocorrem em suspensão – no ar –, daria um número muito grande de temas, assunto para mais de um livro. Por essa razão, neste capítulo, preferimos nos ater aos fenômenos de precipitação – chuva – e do *smog* fotoquímico. Fizemos essa opção devido às implicações que esses fenômenos podem trazer.

Chuva ácida

A acidez de uma amostra depende de sua concentração hidrogeniônica, isto é, da quantidade de íons de hidrogênio (H^+) que ela contém. A concentração hidrogeniônica é medida por uma grandeza chamada "potencial hidrogeniônico", o pH. A expressão que relaciona pH e concentração de íons H^+ é: $pH = -log[H^+]$ que é lida como: pH é igual a menos logaritmo da concentração hidrogeniônica ou ainda cologaritmo da concentração hidrogeniônica.

A escala padrão usada para medir o pH vai de 0 (acidez máxima) a 14 (alcalinidade máxima). Um meio é considerado ácido se tiver pH menor que 7 e é dito alcalino ou básico se possuir pH maior que 7. O valor 7 corresponde à neutralidade.

Como exemplos de soluções conhecidamente ácidas temos: o leite, que apresenta pH em torno de 6, o ácido acético no vinagre, que tem pH 4,7, e a água de bateria (solução de ácido sulfúrico*), que tem pH 1; de soluções alcalinas: água do mar, 8,2 e o leite de magnésia, pH 10,4.

Essa definição de acidez está associada às soluções aquosas, nas quais a água está misturada a outra ou outras substâncias.

Na água pura (destilada e deionizada em atmosfera inerte), as concentrações de íons H^+ e OH^- são iguais porque a dissociação dessa água gera quantidades iguais dessas espécies e, portanto, o pH e o pOH também são iguais e valem 7. As águas encontradas na natureza, por frequentemente conterem algumas impurezas ácidas, acabam tendo um caráter ligeiramente ácido.

A função do pH é logarítmica de base dez. Isso quer dizer que a variação de uma unidade do pH corresponde a uma variação de 10 unidades na concentração de íons H^+. Assim, quando falamos de uma diminuição de duas unidades de pH, esta corresponde a um aumento de cem vezes na concentração de íons H^+. Ou seja, para que o pH de um meio se reduza em duas unidades, ele precisa ficar cem vezes mais ácido.

Caracterização da acidez da chuva: o dióxido de carbono e a chuva

São várias as substâncias químicas que podem contribuir para desregular a concentração de íons H^+ das chuvas. Entre elas destacam-se o dióxido de enxofre (precursor do ácido sulfúrico), os óxidos de nitrogênio (precursores dos ácidos nitroso* e nítrico*) e a amônia* (precursora do hidróxido de amônio).

Mas o dióxido de carbono, que compõe naturalmente a mistura gasosa da atmosfera, em aproximadamente 0,03%, tem também a sua importância. É um óxido ácido, por isso reage com a água produzindo uma solução ácida: água e ácido carbônico; a presença deste ácido gera um caráter levemente ácido nessa solução.

Por essas razões, o pH de uma precipitação pluviométrica só é considerado realmente ácido em relação à acidez natural das águas de chuva se for menor que 5,6 – valor aceito como normal. É bom lembrar que essa cifra é apenas uma referência para se avaliar o teor de acidez de uma chuva em relação a valores aceitáveis.

Isso não significa que o pH natural da chuva seja invariável. Na verdade, ele é influenciado por fatores dos ecossistemas e oscila de lugar para lugar. Por exemplo, as precipitações da floresta amazônica são bem ácidas, tendo um pH semelhante ao das chuvas da cidade de São Paulo. Tal acidez é atribuída à presença no ar de alta concentração de ácidos orgânicos e de ácido sulfídrico (este último é produto da decomposição anaeróbica).

Um aumento significativo da concentração de dióxido de carbono no ar atmosférico pode, em tese, reforçar o caráter ácido de uma chuva. Porém, como o ácido carbônico* que se forma é um ácido fraco, que gera poucos íons H^+, não é muito significante no agravamento da acidez da chuva; mas é a sua presença natural que acaba definindo a referência da acidez: pH = 5,6.

Uma das principais fontes que têm o homem como criador ou mentor, chamadas de antropúrgicas ou antropogênicas, de dióxido de carbono para a atmosfera são as indústrias, as usinas termoelétricas e os veículos automotores. O dióxido de carbono é um dos principais produtos da queima completa dos combustíveis como a gasolina, o óleo diesel, o álcool e os carvões mineral e vegetal. Assim, o aumento de gás carbônico na atmosfera é diretamente proporcional ao crescente volume de combustível queimado.

A queima de combustíveis não é, porém, a única causa da elevação dos níveis de dióxido de carbono na atmosfera. Os desflorestamentos feitos por queimadas têm assumido grandes proporções e contribuído muito para este aumento.

Dióxido de enxofre

Existem fontes de dióxido de enxofre naturais e antropúrgicas. As principais estão associadas principalmente a atividades geogênicas e a processos biológicos que em geral produzem anaerobicamente ácido sulfídrico e sulfeto de dimetila. Uma vez lançados na atmosfera esses gases reagem, por exemplo, com radicais hidroxila e são transformados em dióxido de enxofre.

As principais emissões antropúrgicas resultam da queima de combustíveis fósseis já citados, como a gasolina, o diesel e o carvão mineral. Isso ocorre porque existem naturalmente enxofre e compostos sulfurados nesses combustíveis, sendo difícil eliminá-los durante o processo de purificação da matriz energética. Outra importante fonte está nas indústrias metalúrgicas; essas indústrias normalmente usam minérios, como os de zinco, chumbo e cobre, que contêm enxofre – na forma de sulfetos – e que ao serem fundidos acabam gerando dióxido de enxofre. Estima-se que aproximadamente 50% do dióxido de enxofre atmosférico tem origem artificial.

A oxidação catalítica do dióxido de enxofre pode originar ácido sulfúrico:

$$SO_2 + H_2O \longrightarrow H_2SO_3 \xrightarrow[\text{catalisadores}]{\text{oxidantes}} H_2SO_4 \quad [1]$$

Diferentemente do ácido carbônico, citado como fraco, o ácido sulfúrico é forte e tende a permanecer na forma ionizada, liberando H^+

($H_2SO_4 \longrightarrow 2\ H^+ + SO_4^{-2}$), razão pela qual influi muito na acidez das chuvas.

Óxidos de nitrogênio

Uma parte dos óxidos de nitrogênio presentes no ar formam-se naturalmente, quando nitrogênio* e oxigênio atmosféricos se combinam sob a ação da eletricidade dos raios. Outra parte é produto do metabolismo de certos micro-organismos existentes no solo. Mas cerca de 65% dos monóxidos* e dióxidos de nitrogênio* atmosféricos são derivados da queima de combustíveis fósseis (gasolina, diesel) e da biomassa*, sendo o restante de origem natural.

É importante ressaltar que a simples regulagem do motor pode influir muito na emissão desses óxidos e de outros compostos para a atmosfera. Por exemplo, para se queimar eficientemente o combustível, utiliza-se excesso de oxigênio – do ar (o ar contém aproximadamente: 21% de oxigênio, O_2, e 78% de nitrogênio, N_2). Nessas condições, os principais produtos da combustão serão: vapor-d'água, gás carbônico e também uma pequena quantidade de óxidos de nitrogênio. À medida que a relação combustível/ar cai para uma relação considerada energeticamente ideal (1/15), aumenta-se a produção desses óxidos. Abaixo dessa relação ideal, embora haja uma ligeira diminuição na produção de óxidos de nitrogênio, há um substancial aumento na emissão de monóxido de carbono, que é altamente tóxico, e também de hidrocarbonetos.

Um importante avanço na indústria automobilística refere-se aos dispositivos chamados conversores catalíticos trifásicos. Esse aparelho, que substitui o cano de escape comum, converte cerca de 95% dos gases nocivos em produtos relativamente inofensivos. Os óxidos de nitrogênio, por exemplo, são reduzidos a nitrogênio (N_2). O uso de catalisadores em veículos automotores novos já pode ser considerado comum em vários países e compõe boa parte da frota mundial. No Brasil a presença desse dispositivo em veículos novos passou a ser obrigatória a partir de 1992. As questões que perduram referentes ao dispositivo estão relacionadas à sua vida útil e ao seu potencial poluente. Em geral, os proprietários não respeitam a vida útil do equipamento, que, uma vez expirada, devem trocá-lo. Sobre seu potencial poluente, uma das conversões estimuladas pelo catalisador é a que transforma o monóxido de carbono em dióxido de carbono, que, embora bem menos tóxico, intensifica o efeito estufa.

A presença dos óxidos de nitrogênio na atmosfera pode conduzir à formação de vários compostos, entre os quais o ácido nítrico. A figura abaixo ilustra o ciclo do nitrogênio.

Ciclo do nitrogênio

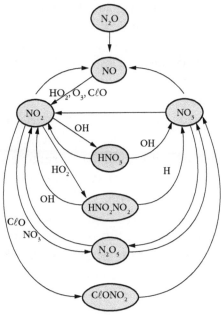

Como o ácido sulfúrico, o nítrico é um ácido forte e tende a permanecer na forma ionizada quando em solução aquosa ($HNO_3 \longrightarrow H^+ + NO_3^-$). E, da mesma forma que o ácido sulfúrico, influi decisivamente no caráter ácido das chuvas.

Consequências das chuvas ácidas

Não costuma chover todos os dias. Por isso, os ácidos veiculados pela chuva nem sempre produzem consequências imediatas, mas sim a médio e longo prazos. Os problemas ambientais causados pela chuva ácida são muito diversificados. Em rios e lagos, a acidez pode comprometer a fauna e a flora aquáticas. Por exemplo, estudos realizados nos Estados Unidos, Suécia e Canadá evidenciaram a diminuição de peixes em rios e lagos, onde a acidez se acentuou com pH abaixo de 5. No Canadá, estudos em lagos aos quais foi adicionado ácido mostraram que, após quatro anos, devido ao aumento da acidez, o camarão desapareceu e as trutas apresentaram alterações morfológicas, verificando-se, inclusive, formato de cobra.

No solo, os ácidos podem liberar metais, como o alumínio, o chumbo e o cádmio, esses dois últimos considerados de alta toxicidade. Com relação à saúde humana, especula-se que as partículas ácidas, ao atingirem os olhos, podem causar conjuntivite; se inaladas, podem desenvolver ou agravar doenças em pessoas menos saudáveis, especialmente as que sofrem de asma, rinite e sinusite, bem como reduzir os mecanismos de defesa contra infecções, predispondo ao aparecimento de broncopneumonias.

Algumas consequências das chuvas ácidas já se manifestaram de maneira muito sensível. Na Suécia e na Noruega vários lagos foram atingidos. Na Alemanha Ocidental, considerável parte das florestas foi atingida. Além de ameaçar os organismos vivos, a chuva ácida também ameaça o patrimônio cultural da humanidade – como o Cristo Redentor, no Rio de Janeiro, que teve de ser restaurado, em boa medida devido aos estragos provocados pela acidez das águas das chuvas. Os monumentos e edifícios históricos de mármore são os mais prejudicados com as precipitações pluviométricas ácidas, principalmente quando se encontram em área urbana: o ácido transforma o mármore em gesso, que é mais solúvel em água e pode ser desgastado por ela. No sul do México, na península de Iucatán, obras da civilização maia foram atacadas e comprometidas pela chuva ácida. No Uruguai, algumas florestas próximas à fronteira com o Brasil foram atingidas por chuvas fortemente ácidas com pH em torno de 3,1 – especula-se que a termoelétrica de Candiota/RS, situada a aproximadamente 120 km de distância, seja a responsável.

No Brasil as grandes metrópoles têm apresentado chuvas com acidez acima do normal, ou seja, com pH abaixo de 5,6. Entre outras regiões também conhecidas por tais chuvas, destacam-se a região carbonífera de Santa Catarina, a região de Paulínia (São Paulo), Ipatinga (Minas Gerais) e Camaçari (Bahia). Na cidade de São Paulo, o pH médio das chuvas está em torno de 4,6 – o que corresponde a uma acidez dez vezes maior que o padrão de normalidade. A médio e longo prazos, a acidez das chuvas poderá até contaminar provisões de água potável e provocar alterações na cadeia alimentar, se atingir a lavoura, a fauna e a flora.

Smog fotoquímico

A chuva ácida não é o único mal que a presença de óxidos de nitrogênio (NO e NO_2) na atmosfera pode causar. Sob ação da luz solar, os óxidos se transformam em precursores do ozônio na atmosfera; dióxido de nitrogênio absorve raios ultravioleta e se dissocia produzindo monóxido de nitrogênio e átomos de oxigênio. Os átomos, por serem muito reativos, acabam reagindo com moléculas de oxigênio (O_2) produzindo ozônio (O_3), ou mesmo com o monóxido de nitrogênio (NO) recuperando o dióxido.

O ozônio formado na baixa atmosfera, sendo um oxidante poderoso, reage com os óxidos de nitrogênio e com os hidrocarbonetos, formando produtos secundários, entre eles os nitratos de peroxiacilas (PANs). Entre os PANs destaca-se o nitrato peroxiacetílico (PAN), que com o ozônio são causadores de lacrimejamento e problemas respiratórios nos seres humanos, além de serem extremamente tóxicos para as plantas. O ozônio aumenta a respiração das folhas, matando-as por esgotamento do alimento armazenado; o PAN age impedindo a fotossíntese.

Em alguns episódios críticos de poluição do ar ocorridos quase sempre em grandes centros urbanos cheios de veículos automotores, verifica-se a formação de um aerossol com coloração castanha (NO_2 – castanho) e com altas concentrações de substâncias irritantes. Tais episódios constituem os chamados *smogs* fotoquímicos, resultantes de um conjunto de reações desencadeadas pela ação da luz sobre compostos como os óxidos de nitrogênio, o ozônio e os hidrocarbonetos.

Outro tipo de *smog* decorre da elevada concentração de dióxido de enxofre e material particulado no ar. É típico de regiões industriais e pode ser mortal, como o que ocorreu em Londres de 5 a 8 de dezembro de 1952. Nesse período, os poluentes sulfurados alcançaram uma concentração dez vezes mais alta que a normal. A eles foram atribuídas a morte de 4000 pessoas.

Nesses fenômenos, uma cadeia de reações origina uma mistura de compostos químicos de toxicidade variada. A mistura mantém-se em suspensão sob a forma de aerossol e pode atacar o sistema respiratório do homem e dos animais, assim como o conjunto da flora.

Com o intenso processo de industrialização pelo qual passaram as regiões do ABC e de Cubatão, gerando a maior concentração industrial do país, elas acabaram apresentando situações críticas de poluição, comprometendo em muitos momentos a saúde da população.

Amônia

A amônia é produzida naturalmente por algas e bactérias e pode neutralizar pelo menos parcialmente a acidez da chuva. As equações abaixo ilustram as reações de neutralização com ácido sulfúrico e nítrico:

$$2NH_3 + H_2SO_4 \longrightarrow (NH_4)_2SO_4 \quad [2]$$
$$NH_3 + HNO_3 \longrightarrow NH_4NO_3 \quad [3]$$

Por outro lado, a amônia é matéria-prima essencial na produção de fertilizantes e pode também ser lançada na atmosfera por má manipulação do produto ou simplesmente formar-se como poluente secundário a partir do sulfato de amônio. Além de influir na acidez das chuvas, o produto deixa o ar extremamente malcheiroso e provoca fortes irritações nos olhos, narinas e pele.

Inferência

Como se pode perceber, o automóvel é uma fonte permanente de poluição atmosférica. Compreender como evoluiu a indústria automobilística e todo o parque industrial a ela ligado e descobrir qual é sua atual tendência de desenvolvimento é importante para se projetar a evolução da poluição atmosférica no mundo ou mesmo organizar uma discussão de redirecionamento do progresso tecnológico.

Desde que foi desenvolvido, o automóvel tornou-se um sinônimo de conforto e praticidade, incutindo no homem moderno uma nova mentalidade. Afinal, nenhum outro meio de transporte garante a seu usuário tamanho grau de liberdade e individualidade: ligação domicílio-domicílio e completo controle do percurso e do tempo de deslocamento por intermédio do controle da velocidade e da programação de horários.

Pelo exposto, o automóvel está também intimamente ligado ao plano de crescimento horizontal das cidades. Como transporte autônomo, pode levar seus usuários a pontos distantes e isolados – o que a ferrovia não permite e o transporte coletivo não favorece, pois privilegia somente os grandes corredores de tráfego.

Quase sempre esse processo de horizontalização acaba comprometendo o ambiente: a construção de habitações, escolas, hospitais, bancos, supermercados, lojas e outros centros de serviços diversos, o asfaltamento de ruas e calçadas exigem a destruição de extensas áreas de vegetação. Os moradores consomem gás e precisam de transporte, serviços de remoção de lixo e outros, tudo contribuindo para reduzir a qualidade ambiental. Por outro lado, a verticalização e a grande circulação de automóveis das cidades acabaram criando, entre outros problemas, as chamadas ilhas de calor, criando os microclimas urbanos.

Do final do século XIX para cá o crescimento de todas as atividades industriais tem sido muito intenso. E a grande maioria das indústrias usava – e usa – derivados do petróleo para manter suas máquinas trabalhando. Por isso, nada melhor para indicar o poder deste crescimento e sua dinâmica do que a força dos grandes trustes* do petróleo. As companhias extrativas e refinadoras deste produto conseguiram concentrar um poder inigualável diante das demais empresas.

Analisando-se o processo de produção, distribuição e comercialização do petróleo, verifica-se que este induziu a uma forte concentração técnica e econômica, criando os imensos monopólios. As refinarias de petróleo, como os oleodutos criados para sua distribuição, acabaram se transformando nas paisagens-símbolo da modernidade, assim como no centro de poder econômico e político dos séculos XX e XXI.

Refinarias, oleodutos, portos especializados para embarque e desembarque de petróleo viraram zonas militarizadas, visto sua importância estratégica para a economia e a segurança dos países produtores e mesmo para a segurança internacional como um todo. Poucas foram as indústrias que na história da industrialização despertaram tanta preocupação na montagem de uma estratégia de segurança militar. Praticamente somente as usinas nucleares receberam tratamento equivalente.

No entanto, ao mesmo tempo que a indústria petrolífera representa o poder econômico do mundo moderno, significa também um perigo iminente. Os grandes reservatórios de petróleo e de gás natural e as refinarias criam áreas geográficas de grande risco para a sociedade. Vazamentos, erros técnicos, etc., podem significar desastres ecológicos de grandes proporções; foi o que ocorreu no lamentável acidente em Vila Socó/Cubatão-SP, ocupada por precárias habitações sob as quais passavam oleodutos da Petrobras onde vazamentos acompanhados de incêndios provocaram inúmeras mortes.

Petróleo e conflitos internacionais

Mobilizadoras de interesses político-militares, as áreas petrolíferas tornaram-se palco de sérios conflitos internacionais. O petróleo também esteve no cenário tanto da Primeira como da Segunda Grande Guerra.

A Guerra do Golfo (1991) mostrou-nos os perigos representados pelas regiões geográficas produtoras e refinadoras do petróleo. A ameaça de obstrução do fluxo de petróleo por parte de um único país do Golfo – o Iraque – poderia comprometer o abastecimento de petróleo do mundo e causou uma guerra sangrenta. Essa guerra nos revelou, mais uma vez, a importância da indústria petrolífera para a economia moderna.

O epílogo desta guerra nos deixou como herança um quadro trágico para o ambiente. Milhares de barris de petróleo derramados no mar em consequência dos bombardeios das usinas litorâneas e dos navios petrolíferos. Bombardeio de poços de petróleo que, incendiados, emitiam para o ar toneladas de fuligem, monóxido e dióxido de carbono e dióxido de enxofre, entre outros gases. Com as correntes marítimas e os ventos, estas substâncias acabaram atingindo regiões situadas a milhares de quilômetros de distância, prejudicando o equilíbrio natural de alguns ecossistemas.

O binômio petróleo-automóvel acabou formando uma das maiores corporações do mundo capitalista. Veja-se o poder das "Sete Irmãs" do petróleo – as sete maiores companhias produtoras e distribuidoras de petróleo do mundo: Shell, Esso, Texaco, Mobil Oil, Gulf Oil, Chevron e British Petroleum.

O uso das ainda grandes reservas de petróleo e de gás natural existentes, assim como a abertura de novos poços, parece inevitável perante o progresso e o aumento da demanda mundial por energia. Porém, tanto as imposições econômicas do progresso como os riscos de acidentes ecológicos são passíveis de controle. A paz internacional e a cooperação entre as organizações de preservação do meio ambiente representam nossas esperanças para este efetivo controle, garantindo a preservação do planeta como nosso nicho.

Capítulo III

O EFEITO ESTUFA

Atualmente, o modelo que explica o comportamento da luz admite que ela possa ser entendida tanto como partícula quanto como onda eletromagnética; assim, dizemos que o modelo é dualístico. É principalmente seu comportamento como onda eletromagnética que explica uma série de fenômenos relacionados a alguns problemas ambientais, entre eles o chamado efeito estufa.

Os raios luminosos são, segundo esse modelo, constituídos por ondas de diferentes comprimentos (λ). E, quando a luz incide sobre materiais de vários tipos, quer no estado sólido, quer no estado líquido ou gasoso, estes podem absorver os feixes luminosos de modo seletivo, isto é, absorvem mais as ondas de um determinado comprimento ou não absorvem certas ondas. As figuras **a**, **b** e **c** ilustram o que foi dito acima (págs. 36 e 37).

O Sol emite radiações dos mais diversos comprimentos de ondas. Uma certa percentagem dessas radiações, as mais energéticas, consegue chegar à atmosfera terrestre, de onde é parcialmente refletida (30%) e parcialmente absorvida (70%). A radiação de baixo comprimento que é absorvida pela terra é devolvida para a atmosfera na forma de radiação de maiores comprimentos, especialmente na faixa das radiações infravermelhas. Uma parte dessas radiações é absorvida por gases ali existentes. Outra parte é espalhada para o espaço, onde se "perde". A figura da página 37 esquematiza a absorção da luz solar em diferentes meios.

a) Espectro eletromagnético

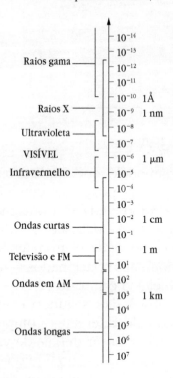

b) Diagrama de uma onda

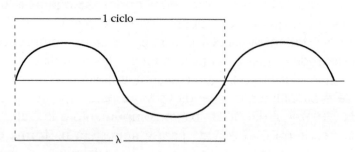

λ = comprimento da onda: distância que uma onda percorre durante um ciclo
Unidade: unidade de comprimento/ciclo
A quantidade de energia (E) de um fóton é inversamente proporcional ao comprimento de onda (λ): quanto maior λ menor E.

c) Absorção em diferentes meios

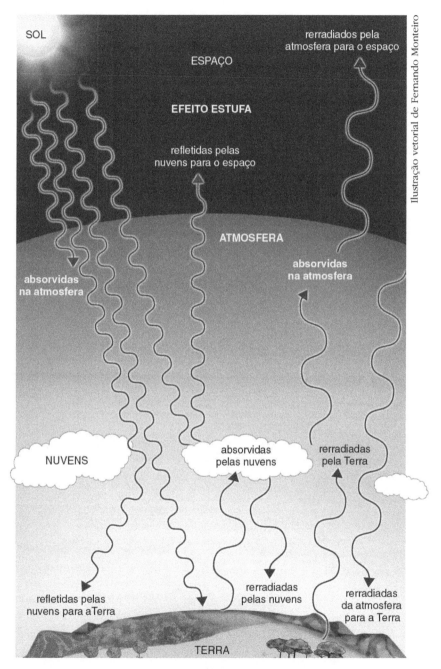

O efeito estufa recebeu esse nome devido a uma analogia frequentemente utilizada para melhor compreensão do fenômeno que acabamos de descrever. Num recinto fechado por paredes e teto de vidro – uma estufa de plantas, por exemplo – há um acentuado aquecimento do ambiente. Isso porque o vidro deixa passar os raios solares luminosos de ondas curtas, os quais são absorvidos por materiais contidos no interior do ambiente, por exemplo o solo; entretanto, esses mesmos materiais reemitem radiações com longos comprimentos de ondas, as quais são bloqueadas pelo vidro. A figura a seguir ilustra esse fenômeno.

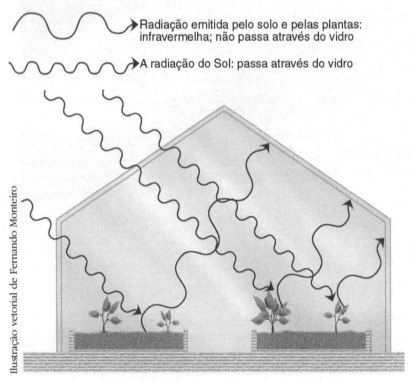

O efeito estufa – modelo explicativo do fenômeno.

Fazem parte da mistura gasosa que compõe a atmosfera os chamados "gases estufa", presentes em pequenas concentrações, entre os quais se destacam o dióxido de carbono ou gás carbônico, o metano* (CH_4), o vapor de água, o monóxido de nitrogênio, os clorofluorcarbonos (CFCs) e o ozônio. Graças à sua capacidade de absorver os raios infravermelhos, os gases estufa desempenham um importante papel no equilíbrio térmico do globo; sem eles a temperatura da Terra seria muito baixa.

Embora a presença de uma certa quantidade de gases estufa, especialmente do dióxido de carbono, seja importante para a manutenção da temperatura e do clima terrestre, um aumento substancial na concentração desses gases provavelmente elevará de modo proporcional a quantidade de calor absorvida pelo planeta e, portanto, sua temperatura média, o que pode ser perigoso.

Vamos realçar aqui somente a importância dos gases atmosféricos dióxido de carbono e metano. Isso porque eles têm um longo tempo de residência na atmosfera e sua concentração vem aumentando perigosamente nas últimas décadas. Os demais gases ou têm concentração relativamente baixa na atmosfera, ou têm baixo tempo de residência na atmosfera, ou absorvem pouca radiação infravermelha.

Dióxido de carbono

Embora haja atualmente apenas, aproximadamente, 0,035% de dióxido de carbono na atmosfera, esse gás tem uma influência marcante nas condições climáticas. Já no início do século XX, o físico-químico sueco Arrhenius previa o aquecimento do planeta associado ao aumento da concentração de dióxido de carbono no ar. Seus cálculos indicavam que a temperatura média do globo poderia aumentar aproximadamente 4,5 °C se a quantidade de dióxido de carbono dobrasse em relação aos níveis pré-industriais. Atualmente estima-se que possa haver um aumento de cerca de 3 °C na temperatura da Terra, derivado de uma duplicação dos níveis de dióxido de carbono atmosférico.

No gráfico abaixo, podemos perceber a evolução do nível médio de concentração do dióxido de carbono, expresso em partes por milhão (ppm) na atmosfera de 1860 até 2000.

Temperaturas globais

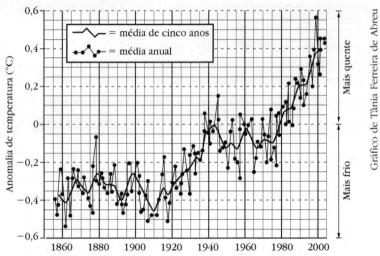

Fonte: SCHLUMBERGER EXCELLENCE IN EDUCATIONAL DEVELOPMENT.
Mudança no clima global e energia. Disponível em: <www.slb.com>.
Acesso em 24 set. 2012.

Como já destacado, a demanda energética associada à queima de combustíveis fósseis em veículos automotores e indústrias e as grandes queimadas são atualmente duas das principais causas do aumento da concentração de dióxido de carbono na atmosfera. No cômputo geral, são os países desenvolvidos os que mais contribuíram no passado e que atualmente mais contribuem para o aumento na concentração de dióxido de carbono. Vale destacar a crescente participação da China como emissor de gás carbônico, chegando até a superar os Estados Unidos.

Metano

Embora haja somente traços de metano na atmosfera (perto de 1,7 ppm), sua presença ainda assim preocupa:

a eficiência de absorção da radiação infravermelha é cerca de vinte vezes maior do que a do dióxido de carbono; estima-se que seja responsável por aproximadamente 18% do efeito estufa. Sua concentração vem crescendo vertiginosamente. Nos últimos 150 anos, os níveis de metano na atmosfera quase dobraram e atualmente seu crescimento está na ordem de 1 % ao ano. Embora haja perspectivas de saturação dos níveis de metano na atmosfera, o que poderia implicar a estabilização dos teores, o fato é que por enquanto ele continua crescendo.

O metano forma-se principalmente por decomposição anaeróbica de material orgânico, ocorrida tanto de modo natural como artificial. Não se conhecem todas as fontes naturais de metano para a atmosfera. Mas sabe-se com certeza que o gás é produzido pelos cupins e por (micro)-organismos decompositores existentes também em pântanos, brejos, intestinos de ruminantes, etc. As principais fontes artificiais de metano são culturas agrícolas aquáticas como os arrozais e depósitos de lixo, a produção de gás natural/petróleo e a decomposição de vegetação. Sabe-se que a floresta amazônica é uma grande produtora de metano, especialmente em suas partes inundadas, como as várzeas e os grandes lagos artificiais das hidroelétricas.

Uma vez lançado na atmosfera, o metano permanece aproximadamente por 3,6 anos e seu "destino" é ser oxidado a dióxido de carbono, cujo tempo de residência é da ordem de quatro anos.

Como se pode perceber pela relação das fontes, em certos casos é impossível deter ou mesmo reduzir a emissão de metano. Não dá, por exemplo, para parar de cultivar arroz. Aliás, é bem provável que, em virtude da crescente necessidade de alimento gerada pelo aumento da população mundial, a cultura desse cereal se intensifique, com um consequente aumento na emissão de metano por parte dessa fonte. Mas haveria uma significativa redução na produção do gás pelo controle de algumas outras fontes, como o lixo e as inundações de florestas para construção de hidroelétricas.

Consequências do agravamento do efeito estufa

Pequenas variações na temperatura da Terra podem afetar significativamente o ciclo hidrológico. Um resultado possível do aquecimento global seria, por exemplo, o derretimento das calotas de gelo dos polos. Isso teria como consequência a elevação do nível do mar e o desaparecimento de extensas regiões costeiras.

Há muita controvérsia acerca do incremento da temperatura média do planeta. Há previsões que estimam cerca de 0,2 °C até 0,5 °C por década. Outras falam de aumento de até 3 °C e elevação de 65 cm dos níveis do mar no final do século.

O gráfico abaixo descreve o comportamento da temperatura média global durante 140 anos. É importante ressaltar que, embora haja uma certa analogia entre os gráficos das figuras das páginas 40 e 42, a relação não é de identidade.

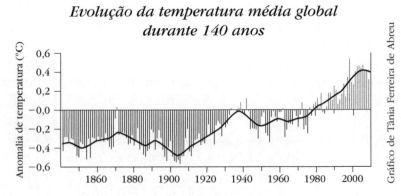

Fonte: JONES, Phil. *Registro de temperatura global*.
Disponível em: <http://www.cru.uea.ac.uk/cru/info/warming>.
Acesso em 24 set. 2012.

A modelagem do clima global, que vem sendo realizada por vários grupos, tem apresentado diferentes resultados, que se justificam com base nos critérios e dados usados para elaboração dos modelos. Isso explica significativas diferenças de previsões acerca do possível aumento da temperatura entre 2 °C e 5 °C. Há inclusive quem considere que o alarde deste tema com base em algumas projeções não se justifique porque há grandes incertezas que cercam estes estudos.

Caso essas previsões de elevação da temperatura aconteçam mesmo, o mar pode inundar extensas áreas litorâneas de grandes cidades costeiras do mundo. Entre essas cidades estariam, por exemplo, Nova York, Londres, Tóquio, Hamburgo, Rio de Janeiro e Buenos Aires. Mesmo que o aumento do nível do mar não ultrapasse 1 metro, marés fortes e ressacas violentas deixarão essas e outras cidades em permanente risco de inundação. Caso o aquecimento global seja ainda mais intenso, os desastres poderão assumir proporções maiores.

Vale a pena lembrar que a elevação da temperatura nos mares significará uma mudança no nível de base das grandes bacias hidrográficas do planeta, que têm o mar como nível. Isso provavelmente alterará a descarga dos rios no mar, implicando uma mudança da dinâmica do processo de erosão fluvial. Como uma das consequências, as populações ribeirinhas acabarão sendo removidas do seu lugar, acarretando problemas sociais.

Outra consequência inevitável do agravamento do efeito estufa terá natureza biogeográfica. A alteração da temperatura ambiente exigirá do mundo vegetal novas formas de adaptação. Com isso, poderá ocorrer migração da fauna para novas áreas. No caso das plantas, algumas espécies poderão sofrer mutações, enquanto outras, na impossibilidade de adaptar-se ou de fugir (como fazem os animais), desaparecerão.

Protocolo de Kyoto e as cotas de carbono

O Protocolo de Kyoto é um acordo internacional que visa reduzir as emissões de gases de efeito estufa dos 84 países que o assinaram. O documento foi o resultado de um encontro ocorrido em 1997, em Kyoto, Japão. A pequena adesão a esse acordo postergou por anos sua efetiva implantação. Só em 15 de fevereiro de 2005, após a ratificação da Rússia ao protocolo, é que o acordo passou a vigorar. Essa adesão era importante para obter-se o número mínimo de países cuja soma das emissões de dióxido de carbono totalizasse 55% das emissões globais. Entre os países que ainda não ratificaram o protocolo constam: EUA, China, Índia e Austrália.

De acordo com o documento original, os países desenvolvidos devem reduzir as emissões desses gases em pelo menos 5,2%, em relação aos níveis registrados em 1990, entre o período de 2008 e 2012.

Ao comprometerem-se com tais metas, vários países terão grandes desafios pela frente, especialmente aqueles relacionados ao desenvolvimento de novas tecnologias. São necessárias diversas mudanças e adaptações que certamente implicarão custo elevado a esses países e às suas indústrias. Tais custos incluem de investimento em tecnologia limpa até a substituição das fontes de energia fóssil.

A possibilidade do não cumprimento de metas está prevista e impõe aos signatários a alternativa de comprarem no mercado financeiro as chamadas cotas de carbono e, com isso, atingir suas metas. Essas cotas são uma espécie de prêmio concedido a quem superou suas metas. A comercialização dessas cotas está entre os ativos negociados nas Bolsas de Mercadorias e Futuros (BM&F).

Capítulo IV

A CAMADA DE OZÔNIO

Átomos de oxigênio podem se combinar de diferentes formas; esse fenômeno é chamado de alotropia e as formas resultantes destas combinações são chamadas de formas alotrópicas. Assim, o ozônio (O_3) é uma das formas alotrópicas do oxigênio. Ele é formado por três átomos de oxigênio e tem propriedades físico-químicas muito diferentes das outras formas alotrópicas.

A atmosfera é constituída por aproximadamente 21% de O_2 e 78% de N_2, e essa composição varia muito pouco até aproximadamente 70 quilômetros de altura. À medida que as radiações mais energéticas chegam à superfície da Terra, podem ser absorvidas seletivamente por algumas substâncias. Entretanto, antes de chegar à baixa atmosfera, uma parcela dessa radiação é absorvida pelo oxigênio existente na estratosfera, desencadeando uma série de reações. Um mecanismo proposto para explicar uma rota frequente de formação do ozônio a partir do oxigênio (O_2) é:

$$O_2 \xrightarrow{h\nu} 2\,[O] \quad [4]$$
$$[O] + O_2 + M \longrightarrow O_3 + M \quad [5]$$

A primeira equação representa a reação de desenlace da molécula de oxigênio, que ocorre quando essa molécula absorve radiações energéticas (de baixo comprimento de onda). A segunda representa a adição do oxigênio atômico [O] à molécula de oxigênio, O_2. A presença de uma molécula (M), por exemplo N_2, faz-se necessária para absorver o calor liberado na reação, pois essa é fortemente exotérmica. Caso não houvesse uma terceira molécula para absorver parte da energia liberada pela reação, o ozônio formado sofreria decomposição em aproximadamente 10^{-13} segundos. Muito provavelmente é dessa maneira que se forma a importante camada de ozônio na estratosfera.

A camada de ozônio formada corresponde a uma faixa de aproximadamente 30 mil metros de espessura, que se inicia perto de 15 quilômetros da superfície terrestre. Se a camada estivesse nas condições de pressão e temperatura do nível do mar teria uma espessura de, no máximo, 3 milímetros. Mesmo assim ela é fundamental para a conservação da vida na Terra tal como a conhecemos. O ozônio absorve intensamente a radiação ultravioleta. Por isso funciona como um filtro que impede essa radiação de chegar à superfície terrestre.

Na figura abaixo está esquematizada a estrutura da atmosfera com algumas de suas propriedades, a relação dos níveis de concentração de ozônio com a altura e a correspondente variação de temperatura; na figura seguinte, à esquerda, fica evidenciado que a concentração máxima de ozônio ocorre entre 25 e 35 quilômetros.

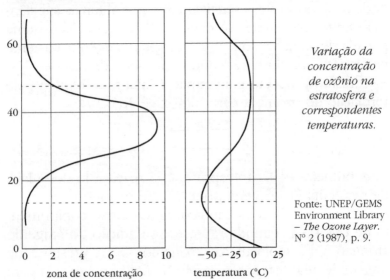

Variação da concentração de ozônio na estratosfera e correspondentes temperaturas.

Fonte: UNEP/GEMS Environment Library – *The Ozone Layer*. Nº 2 (1987), p. 9.

As variações de temperatura e pressão dividem a atmosfera terrestre em camadas, como se vê no gráficao abaixo. A mistura de gases entre as camadas ocorre muito lentamente.

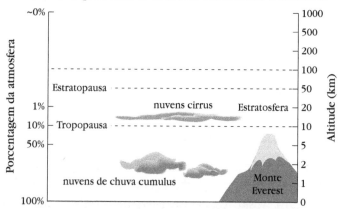

Fonte: NASA Advanced Supercomputing. *The Ozone Layer*.
Disponível em: <http://www.nas.nasa.gov/About/Education/Ozone/ozonelayer.html>. Acesso em 21 ago. 2009.

Em pequena quantidade, os raios ultravioleta são benéficos: por exemplo, ativam a formação de vitamina D em nossa pele. Mas em grande volume causam vários males aos seres humanos, entre eles as conhecidas queimaduras de sol, câncer de pele e lesões oculares. Nas plantas e nos fitoplânctons o excesso de radiação ultravioleta determina redução do ritmo de crescimento e de produtividade.

O ozônio também se forma na troposfera, região mais baixa da atmosfera e onde vivemos. Aqui embaixo, sob a ação da luz, o ozônio se forma preferivelmente de uma combinação de óxidos de nitrogênio (produtos formados a partir da combustão de derivados do petróleo, eliminados pelas chaminés de fábricas e canos de escape dos veículos automotores). Por se constituir numa espécie extremamente reativa, um poderoso agente oxidante, o ozônio ataca uma série de materiais, como obras de arte, plantas, tecidos, borrachas e até os seres vivos, inclusive o próprio organismo humano; portanto, sua presença na baixa atmosfera é indesejável – "ozônio mau". E, por seu caráter reativo, constitui um importante precursor de vários poluentes secundários.

Agentes agressivos à camada de ozônio

Como vimos, a presença do ozônio na estratosfera é desejável, pois, ao absorver os raios ultravioletas, forma uma espécie de escudo protetor da Terra. Entretanto, esse escudo vem sendo ameaçado pela ação de algumas substâncias; entre elas as principais são o monóxido de nitrogênio (NO) e os clorofluorcarbonos.

Monóxido de nitrogênio

A formação de monóxido de nitrogênio na estratosfera deve-se principalmente à circulação de aviões supersônicos que trafegam nesta região ou próximos dela. Cálculos estimativos indicam que uma hora de voo de um supersônico é capaz de gerar uma tonelada de monóxido de nitrogênio.

As equações abaixo ilustram a ação catalítica do monóxido de nitrogênio na decomposição do O_3 em O_2:

$$NO + O_3 \longrightarrow NO_2 + O_2 \quad [6]$$
$$NO_2 + [O] \longrightarrow NO + O_2 \quad [7]$$
$$\overline{O_3 + [O] \longrightarrow 2\,O_2}$$

Como catalisador, o NO não é consumido durante o processo de decomposição do ozônio. Ele participa da reação representada na equação [6] mas regenera-se logo em seguida, na reação [7]. Essa ação catalisadora justifica um elevado tempo de residência ambiental dos óxidos de nitrogênio na atmosfera.

Clorofluorcarbonos

Os gases fluorcarbonos (FC) consistem de uma classe de compostos muito diversificada que em sua estrutura contém átomos de carbono e flúor. Essa classe abriga também os compostos que comprovadamente têm uma ação danosa à camada de ozônio; os principais são os clorofluorcarbonos (CFCs – carbono, flúor e cloro) tipos 11, 12, 113,

114 e 115 e os bromoclorofluorcarbonos (BrCFCs) tipos halon 1301, halon 1211 e halon 2402.

Os CFCs foram por muito tempo utilizados em aerossóis pressurizados (desodorantes, por exemplo), nos quais atuam como propelentes. No caso de compressores, na indústria de refrigeração, em processos de expansão de espumas e na limpeza de aparelhos eletrônicos, o uso ainda é corriqueiro. Os BrCFCs são usados principalmente em extintores de incêndio.

A indústria tem muitos motivos para usar esses gases: eles são baratos, têm baixíssima toxicidade, não são inflamáveis nem corrosivos e possuem certa estabilidade química na baixa atmosfera. É essa última característica, porém, que permite aos CFCs subirem "intactos" até a estratosfera, onde reagem com as moléculas de ozônio. A ação dos CFCs na camada de ozônio está ilustrada nas reações seguintes, nas quais o freon-12 aparece como precursor.

$$CC\ell_2F_2(g) \xrightarrow{Uv} {}^\circ CC\ell F_2(g) + {}^\circ C\ell(g) \quad [8]$$

O fréon, ao absorver a radiação ultravioleta, libera átomos de cloro. A partir da formação do $C\ell$, que é muito reativo, há o desencadeamento de uma série de reações em que o ozônio é decomposto. Algumas dessas reações estão representadas pelas equações abaixo:

$${}^\circ C\ell(g) + O_3(g) \longrightarrow C\ell O(g) + O_2(g) \quad [9]$$
$$C\ell O(g) \longrightarrow C\ell(g) + O(g) \quad [10]$$
$$O(g) + O_3(g) \longrightarrow 2O_2(g) \quad [11]$$

Como podemos perceber, o mecanismo proposto de depleção da camada de ozônio envolve uma sequência de reações onde o ozônio é consumido, resultando na formação de oxigênio molecular (O_2). Assim, nessas reações, aquela espécie que absorvia intensamente os raios ultravioleta "desaparece", permitindo que estas radiações passem com maior facilidade, pois o oxigênio (O_2) não absorve tão eficazmente.

Ao observar atentamente as equações, percebe-se que a mesma substância que é precursora da formação do ozônio é também formada no final do processo. Por isso se diz que a questão relacionada à camada de ozônio é essencialmente cinética, de velocidade. Uma analogia seria o caso de uma pia com a torneira aberta com uma vazão de água maior do que a capacidade de escoamento do ralo. Nessa situação, haverá um acúmulo de água na pia; ou seja, a água que se acumula corresponde ao oxigênio, e a água que escoa é o ozônio.

Os clorofluorcarbonos são apontados como os principais redutores da camada de ozônio. Estima-se que durante o seu tempo de residência, calculado em cerca de 80 anos, cada molécula de CFC seja capaz de destruir 100 mil moléculas de ozônio.

Se os clorofluorcarbonos são tão perigosos, a indústria não poderia substituí-los por outro composto? Essa é uma questão controversa. Em países como o Brasil e os Estados Unidos já é proibido usar clorofluorcarbonos em aerossóis. Nesses casos, eles estão sendo trocados pelo propano* ou pelo butano*. O problema é encontrar alternativas de substituição em indústrias como as de refrigeração (geladeiras, aparelhos de ar-condicionado e congeladores), de espuma plástica (isopor) e outras. Vale lembrar que tais aplicações, como os *sprays*, já estão incorporadas aos hábitos e costumes da sociedade contemporânea e outras, como a refrigeração, são essenciais para a conservação de alimentos.

Protocolo de Montreal

Uma das primeiras discussões amplas, visando resolver o problema da depleção da camada de ozônio, ocorreu em Viena, em 1985. Dessa discussão surgiu o Protocolo de Montreal, documento redigido em 16 de setembro de 1987 (entrou em vigor efetivamente em 1º de janeiro de 1989), propondo algumas metas a serem cumpridas pelos países envolvidos. Uma delas previa que a produção e o consumo dos clorofluorcarbonos fossem congelados nos níveis de 1986, por um período de quatro anos, a contar de julho de 1989. A partir de 1993, essa quantidade seria reduzida em 20% por mais quatro anos, até julho de 1997. Nessa data ocorreria nova redução, de 30%, sem prazo determinado para terminar. O acordo isentava do cumprimento dessas normas os países que em 1986 tinham um consumo igual ou inferior a 300 gramas/habitantes por ano.

Para o Protocolo entrar em vigor, porém, era necessário que pelo menos 2/3 dos produtores de clorofluorcarbonos do mundo o assinassem. No entanto, embora vinte países já tivessem aderido ao Protocolo, ainda faltavam no documento as chancelas de diversos países da Europa, responsáveis por aproximadamente 46% da produção mundial de clorofluorcarbonos. Outro omisso do Protocolo foi o Brasil. As dificuldades no cumprimento das metas geraram revisões sucessivas do documento, ocorridas em 1990, 1992, 1995, 1997 e 1999. As revisões demonstram, mais uma vez, que a mudança das estruturas econômicas e políticas não ocorre por decreto. A concretização das propostas do Protocolo de Montreal só ocorrerá quando todas as nações conscientes dos problemas causados pelos clorofluorcarbonos se mobilizarem em grandes associações, que pressionem diretamente as empresas produtoras. Tais associações deverão organizar mundialmente os segmentos sociais mais diretamente envolvidos com a depleção da camada de ozônio. Enquanto as decisões e decretos permanecerem restritos aos membros participantes dos congressos e simpósios – os poucos que decidem –, o problema não será equacionado na sua globalidade. Ao contrário, a movimentação das cúpulas em torno do assunto pode criar a ilusão de que alguma coisa está sendo feita. Com isso, aliviam-se as tensões e esvaziam-se as possibilidades de uma real mobilização daqueles que poderiam efetivamente encaminhar soluções.

O fato de o Brasil não ter assinado o documento quando ele foi elaborado (só o fez em 1990) pode ser entendido sob diferentes ópticas. Nosso país muito provavelmente não tinha interesse em pressionar setores da indústria, por temer uma piora no desempenho da economia, que já não andava bem. Era possível, na verdade, que o uso de tecnologias condenadas em outros países pudessem ser exploradas em países que não tivessem atingido a cota de 300 gramas/habitante por ano – como o caso do Brasil.

Há muito tempo, o Brasil e vários países em desenvolvimento vêm abrigando indústrias altamente poluidoras, condenadas por uma legislação rigorosa em seus países de origem.

Também é possível que o desinteresse brasileiro em apoiar o Protocolo tenha sido fruto da falta de compromisso de nossos representantes com relação aos problemas ambientais.

Um exemplo bem ilustrativo dessa nossa inconsciência está na falta de quadros na área ambiental, que pode ser medido pela participação do Brasil em Montreal: a delegação brasileira era essencialmente composta por representantes das indústrias diretamente interessadas, ou seja, as produtoras de clorofluorcarbonos.

Esse cenário mudou significativamente nos últimos anos. A formação de quadros técnicos, jurídicos e políticos, a criação de ONGs e a valorização de temas ambientais nas escolas ajudaram a elevar o Brasil da condição de mero observador de movimentos ambientalistas à de um dos mais importantes atores ligados ao assunto.

Consequências da depleção da camada de ozônio

Quanto menos ozônio houver na estratosfera, maior será a incidência de radiações ultravioleta sobre a superfície da Terra. Como essas radiações são extremamente nocivas para o tecido cutâneo humano, uma grave consequência de seu aumento é uma maior incidência dos vários tipos de câncer de pele; entre eles o carcinoma de células basais, ou basocelular, e o melanoma. Cálculos da Academia de Ciências dos Estados Unidos estimam que a diminuição de 1% da camada de ozônio pode causar 10 mil novos casos de câncer de pele por ano, só entre os americanos. Na Grã-Bretanha, uma pesquisa mostrou que o aumento das radiações ultravioleta eleva a ocorrência de casos de catarata e de outras doenças oculares.

O excesso de UV afeta a fotossíntese, processo pelo qual os vegetais fabricam oxigênio e alimento a partir do dióxido de carbono e da água do ambiente. Com isso, a planta demora a crescer, tem folhas de tamanho pequeno, suas sementes perdem qualidade e ela fica mais exposta ao ataque das pragas. Como resultado, ocorre redução das safras agrícolas. É possível ainda que os raios UV destruam o fitoplâncton, grande responsável pela produção de oxigênio do mundo e alimento de muitas espécies marítimas. Finalmente, as radiações ultravioleta poderiam modificar a distribuição térmica e a circulação do ar no planeta. Uma provável decorrência desse conjunto de alterações seria o desencadeamento de algumas reações e aceleração de alguns processos metabólicos e de decomposição que produzem metano, monóxido e dióxido de carbono, o que poderia agravar o processo de aquecimento global.

Por enquanto, a situação é mais preocupante na Antártida, onde a redução anual da camada de ozônio é um fato comprovado. Durante o inverno polar, que começa em abril, a região permanece no escuro e os ventos passam a girar em círculos, atraindo, acumulando e, portanto, concentrando massas de ar de outras partes da Terra. Em setembro, com os primeiros raios de sol da primavera, os raios ultravioleta desencadeiam reações onde o ozônio é intensamente consumido. Esse fenômeno forma verdadeiros buracos na camada de ozônio; em novembro começa um processo de regeneração com a vinda do ar de outras regiões terrestres. O déficit anual de ozônio, acentuado entre os meses de setembro e novembro, atua sobre as cadeias alimentares da Antártida e parece já estar atrasando a chegada da primavera.

A camada de ozônio da estratosfera brasileira é relativamente estável, oscilando positiva (crescimento) e negativamente (diminuição) em torno de 5%. Isso, em tese, deve acontecer por dois motivos básicos. Em primeiro lugar, porque os ventos alísios e contralísios das latitudes tropicais facilitam a dispersão de poluentes a caminho da estratosfera. E, em segundo lugar, porque nosso consumo é baixo e caminhamos, a passos largos, para a substituição dos principais agentes agressivos, em especial os CFCs.

Sabendo que os agentes que causam a depleção da camada de ozônio provêm de produtos caros (por exemplo, geladeira), adquiridos, portanto, pelas classes de maior poder aquisitivo, podemos tomá-los como indicadores de processos de desenvolvimento. A baixa participação brasileira na emissão de clorofluorcarbonos pode ser explicada, então, pelo menor consumo daqueles produtos pela maior parte de nossa população. Para entrar na era do consumo moderno, que caracteriza as sociedades avançadas, o Brasil teve de promover uma forte concentração da renda nacional. Mesmo assim, só conseguiu implantar a modernização numa classe média restrita, miniatura daquelas das sociedades avançadas.

Diante de tudo que foi dito, surge uma pergunta: dá para recompor a camada de ozônio? Em tese, sim. Mas há alguns complicadores práticos. Devido ao longo tempo de residência dos clorofluorcarbonos na atmosfera e à sua ainda intensa emissão para o ar, eles já se acumularam numa quantidade muito grande. Segundo algumas previsões, mesmo que as emissões se reduzissem a zero, as reações de destruição do ozônio continuariam por pelo menos mais 100 anos. Caso persistam as emissões, o ritmo de depleção da camada de ozônio será cada vez mais alto, levando eventualmente a mudanças significativas também na composição da alta atmosfera, em elevadas altitudes. Não dá para prever com certeza o que aconteceria numa situação dessas, pois não se conhece com precisão como as espécies constituintes da atmosfera reagiriam a um ambiente onde o processo de formação-destruição-regeneração do ozônio estratosférico fosse intensificada; além disso, não se conhece com exatidão os mecanismos desse processo nem de processos relacionados a ele.

Capítulo V

O LIXO

Os habitantes da moderna sociedade, principalmente aqueles das grandes concentrações urbanas, dispõem de uma gama muito variada de artigos de consumo. Estes, em última instância, são porções de matéria relativamente complexa, tanto do ponto de vista de sua estrutura como do ponto de vista de seu conteúdo energético.

Analisando-se esses artigos pela perspectiva das necessidades e desejos humanos, vemos que eles detêm qualidades que transcendem sua dimensão física. Nesse caso, o objeto adquire as qualidades de um "amuleto encantado", pois o simples fato de possuí-lo faz a pessoa se sentir "especial". Os publicitários jogam com esses sentimentos do consumidor, convencendo-o a mudar de "amuleto", toda vez que desejam fazer subir as vendas de determinado produto.

Para isso, limitam-se a acrescentar pequenas modificações em modelos antigos, que são acondicionados em novas e atraentes embalagens. Depois disso, o artigo é relançado pela mídia no mercado por meio de campanhas garantindo que ele é novo, moderno, leva ao sucesso, transforma seus usuários em gente bonita e inteligente, e assim por diante. Pronto: os consumidores substituem seu artigo "velho" pelo "novo".

Cada vez mais lixo

Para compreendermos o acentuado aumento e a diversificação na produção de lixo no mundo, precisamos compreender primeiro a dependência do desenvolvimento econômico aos mecanismos de mercado. Tão importante quanto a poupança e o capital que a sociedade oferece para o sistema econômico industrial é a sofisticação do consumo e os esforços energéticos para garantir a expansão do mercado.

Além de significar uma resposta às necessidades materiais do homem, os produtos adquiridos cada vez mais funcionam como indicadores de suas realizações e de sua posição social. Por estranho que pareça, o lixo de cada um pode ser considerado hoje como mais um desses indicadores. Nossa sociedade classifica as pessoas pelo que possuem: automóveis, roupas, alimentos, lazer, etc., e também pelo lixo, que é um subproduto dessas posses.

Pesquisando-se o lixo de uma cidade como São Paulo, levando-se em consideração a presença dos refugos ligados à indústria dos produtos descartáveis, vamos ver que as classes mais abastadas são suas maiores produtoras, tanto em quantidade como em qualidade. Nos despojos dessas classes podemos encontrar uma infinidade de produtos, entre eles os próprios sacos de lixo, embalagens sofisticadas de materiais de limpeza, embalagens feitas para tornar certos alimentos mais atrativos e, como símbolo ilustrativo da modernidade, principalmente do homem urbano, embalagens para produtos congelados.

No entanto, não se destacam hoje em dia somente as embalagens. Muitos produtos, como os aparelhos eletrodomésticos, são desenvolvidos para terem vida útil muito curta. E, muitas vezes, consertá-los fica mais caro do que comprar um exemplar novo; ou, então, novos modelos, mais aperfeiçoados, entram no mercado, tornando obsoletos aqueles recém-adquiridos. Pode-se encontrar grande quantidade desses objetos nos lixos de residências dos bairros "chiques". O maior exemplo dessa riqueza dos descartes é o Japão, que possui o "lixo tecnológico" mais rico do mundo, onde se encontram até aparelhos eletrônicos mais ou menos em bom estado, a ponto de famílias de imigrantes recolherem vários utensílios domésticos do lixo.

Desta forma, o consumo torna-se mais oneroso para a sociedade como um todo, para a natureza e, por fim, para o consumidor, o que acaba excluindo as populações de baixa renda a ingressarem nesta modalidade de consumo. As populações dos bairros pobres, que, impossibilitadas de participar desse caro modo de vida, limitam-se a consumir os produtos básicos de sobrevivência, principalmente alimentos. Isso explica as diferenças existentes entre o lixo dos diversos bairros da cidade.

Sabemos que os estudos sobre o lixo ainda são precários. Apesar do que se desvendou sobre o lixo nos últimos anos, ainda há muito o que conhecer. Certas evidências, como algumas denúncias veiculadas pela mídia e pelos movimentos ecológicos, permitem-nos formular algumas hipóteses sobre ele, sua relação com as questões ambientais e as vantagens de programas de reciclagem dos resíduos urbanos. Acreditamos que aqui resida uma questão concreta onde a transdisciplinaridade possa trazer grandes contribuições.

Tanto pela alta densidade de ocupação quanto pela sofisticação de seus hábitos, as modernas populações produzem dejetos em tal quantidade que torna impossível para os sistemas naturais decompor esses "refugos da civilização" na velocidade necessária a torná-los inócuos e assim não comprometê-los. Como resultado, tais resíduos acabam tornando os reservatórios naturais impróprios. Provavelmente, é o lixo um dos maiores responsáveis pela poluição ambiental; talvez seja a principal gênese da poluição ambiental.

Junto com a população mundial, cresceu também o problema de como destinar o lixo produzido pelas cidades. Para os países do Terceiro Mundo, o problema é ainda mais grave: neles, além do crescimento populacional ser mais acelerado do que nas nações do Primeiro Mundo, a população tende a concentrar-se nas regiões metropolitanas. "Amontoados" nas cidades, os pobres contribuem para a produção do lixo e são obrigados a conviver com ele.

O que fazer com o lixo?

O lixo industrial e doméstico se enquadra no sentido mais abrangente de poluição, mas, analisado sob diversos aspectos, pode também ser visto como um problema social ou, ao contrário, como uma solução, ou, pelo menos, um paliativo para vários outros problemas. Tudo depende de como ele é tratado. A recuperação de produtos como papel, plásticos, metais e outros, além de amenizar significativamente o impacto que os resíduos causam ao ambiente, pode se constituir numa alternativa a ser explorada diante do esgotamento de recursos não renováveis. Por fim, certas técnicas de tratamento do lixo permitem, entre outras coisas, obter energia.

Técnicas convencionais de processamento do lixo

Existem diversos métodos de processamento e tratamento do lixo urbano. A opção por uma ou pela combinação de duas ou mais delas vai depender da composição do lixo e da política desenvolvida pelas autoridades sanitárias da região.

Acompanhe na tabela da página 59 a descrição esquemática de cada uma das técnicas de tratamento de lixo comumente utilizadas.

TÉCNICAS DE DESTINAÇÃO DO LIXO

Técnica	Vantagens	Desvantagens
Aterro sanitário	• Respeitadas as rigorosas normas de instalação e funcionamento, constitui uma técnica ambientalmente confiável, de baixo risco. • Custo operacional relativamente baixo.	• Comprometimento físico de áreas extensas. • Se não for rigorosamente administrado, o aterro pode transformar-se num foco e difundir organismos patogênicos (baratas, ratos e inseto) – "lixão".
Incineração	• Reduz significativamente o volume e a massa originais. • Produz um resíduo sólido estéril. • Processo em si é higiênico quanto a proliferação de organismos patogênicos. • Apropriado para lixo hospitalar. • Pode-se obter energia – processos recuperativos.	• Utilizada isoladamente, não há reúso nem reciclagem de vários materias de interesse. • A heterogeneidade do lixo pode trazer sérios problemas ao incinerador. • Pode se tornar uma fonte de poluição atmosférica. • Sem separação do lixo, há desperdício de materiais reaproveitáveis.
Compostagem	• Reduz o volume do lixo orgânico. • O produto final (composto) pode ser usado como adubo e como cobertura de aterros sanitários. • Obrigatoriamente há uma separação prévia do lixo, podendo esta atividade se constituir uma fonte de renda. • Costuma ocupar grandes áreas.	• Em relação às outras técnicas há uma baixa taxa (velocidade) de processamento. • Emissão de gases malcheirosos para a atmosfera.
Reciclagem e reúso	• Minimização do impacto ambiental. • Reaproveitamento de diversos materiais. • Desenvolvimento de *know-how* em recuperação de: — Papel: hidrólise* ⟶ produção de diversas substâncias químicas. — Plásticos ⟶ produção de vários utensílios (bacias, cinzeiros, vasilhames, etc.). — Metais ⟶ reutilização direta ou indireta na produção de objetos metálicos.	

Organizado por Francisco Capuano Scarlato e Joel Arnaldo Pontin. São Paulo, 2011.

Aterros sanitários e controlados

Essencialmente, a diferença entre a técnica de aterro sanitário e a de aterro controlado, para destinação de resíduos sólidos, está nas normas de instalação e funcionamento. Nos aterros sanitários as normas são mais abrangentes, incluindo a impermeabilização do solo e o tratamento do chorume, aquele líquido escuro e ácido produzido no processo de decomposição do lixo.

Ainda que respeitados os critérios de escolha dos locais (distância, estudo hidrológico, material de cobertura e ventos), os aterros favorecem a contaminação das bacias hidrográficas situadas em suas proximidades, basicamente porque estão expostos à chuva, que contribui para a infiltração de materiais no solo. Além disso, os gases resultantes da putrefação do lixo acabam por "empestear" o ar, comprometendo sua qualidade nas áreas adjacentes.

Soma-se a esses efeitos o potencial de comprometimento da qualidade do solo local em virtude da grande diversidade e quantidade de materiais, muitos deles tóxicos, presentes no lixo ali depositado. Um caso particularmente importante refere-se ao risco representado pelo chorume que, pela sua composição, fortemente ácida e geralmente rica em metais pesados, pode infiltrar-se no solo, alterar até mesmo sua composição local, atingir irremediavelmente a microfauna e microflora e contaminar eventuais recursos hídricos superficiais ou subterrâneos. Essa é uma importante razão que explica por que os aterros, especialmente os sanitários, devem ser construídos em regiões de baixo risco de inundações e possuir mantas impermeabilizadoras do solo.

Ainda que a escolha dos locais para se construir um aterro recaia em lugares afastados dos centros urbanos, o inevitável crescimento da cidade acaba por incorporá-lo. Assim, torna-se quase impossível conciliar isolada e idealmente esta técnica aos interesses públicos, já que esta interfere diretamente na vida e no crescimento da cidade, tendo em vista a crescente demanda por locais de moradia, principalmente nas grandes cidades.

Um aterro inativo constitui uma área de utilidade parcial, sem serventia para a construção de edificações: o modo como o lixo é compactado no terreno do aterro o torna instável e mais adequado à construção de áreas de lazer, como parques, praças, etc.

Os aterros são hoje também um grande desafio para a administração pública do espaço urbano, principalmente para os países em desenvolvimento. A situação é especialmente delicada em grandes metrópoles, nas quais já é comum não existirem áreas adequadas dentro do próprio município para a instalação de novos aterros. Assim, sua construção ocorre cada vez mais distante dos centros urbanos, o que eleva o custo com o transporte. Um exemplo bem ilustrativo é a cidade de São Paulo, que produz diariamente cerca de 15 mil toneladas de lixo, uma verdadeira montanha. Diante desse fato, cresce a tendência para, no futuro muito próximo, valorizarem-se outras técnicas de destinação, como a reciclagem, a compostagem e a incineração do lixo.

Aterro sanitário de Perus, em imagem de 2004.

Incineração

A incineração é uma técnica de eficiência discutível. Se por um lado reduz drasticamente o volume de lixo, por outro requer um criterioso controle de todo o processo para que a fumaça resultante da queima não constitua nova fonte de poluição do ar. Para isso, a incineração exige uma prévia classificação – até para se evitar desperdícios e estragos nos incineradores – do lixo e, na ponta final da queima, um tratamento dos gases emitidos pelo incinerador.

Um aspecto interessante nesta técnica reside na possibilidade de se obter energia com a queima dos materiais orgânicos – incineradores recuperativos. Independentemente de outras peculiaridades, a incineração é considerada a técnica ideal para o tratamento do lixo hospitalar.

Reciclagem e reúso

Hoje, quando a sociedade se preocupa em difundir a prática da coleta seletiva do lixo com vistas a reciclagem e reúso, essas técnicas aparecem para muitos como conquistas recentes da ciência e da tecnologia. Porém, como sabemos, o conhecimento técnico e científico não parte nunca do ponto zero. Ele é histórico, significa que é acumulativo.

Há muitas décadas já presenciávamos a prática seletiva do lixo. Indivíduos coletores, de forma primária, munidos de pequenos veículos, muitos deles de tração humana e animal, recolhiam junto ao lixo de residências e de fábricas objetos de lata, papéis e vidros, sendo estes posteriormente vendidos para empresas voltadas para esse tipo de comércio.

Assim, podemos dizer que a coleta seletiva, a reciclagem e o reúso do lixo são antigos e que a atual propaganda e divulgação de sua prática está ligada a interesses público e privado e, também, à nova consciência sobre as questões ambientais. De uma prática artesanal dos antigos ambulantes, hoje ela faz parte de programas governamentais, como bandeira de luta da ecologia.

De todas as opções ditas terminais em relação ao tratamento do lixo, a reciclagem geralmente é considerada a mais adequada, por razões ecológicas e também econômicas: diminui os acúmulos de detritos na natureza e a reutilização dos materiais poupa, em certa medida, os recursos naturais não renováveis.

Não se deve, porém, contar com a reciclagem como única fonte alternativa para o fornecimento de matérias-primas para a produção industrial. Se, entretanto, a reciclagem não pode ser otimizada a ponto de constituir uma solução para os problemas econômicos, não deve, porém, ser menosprezada como mais uma alternativa para equacionar o problema do lixo.

Atualmente, o volume de matéria-prima recuperado pela reciclagem do lixo está muito abaixo das necessidades da indústria, embora haja uma tendência de crescimento. No entanto, mais do que uma forma de responder ao aumento da demanda industrial por matérias-primas e economia de energia, a reciclagem é uma forma de reintroduzir o lixo no processo industrial, retirando assim do "fluxo terminal" os resíduos cujos destinos seriam os aterros, a incineração ou a compostagem. Ao consumir os produtos com eles elaborados, estamos "consumindo o lixo" e, dessa forma, contribuindo para diminuir a demanda de recursos naturais que pressionam os ecossistemas.

Adotar a reciclagem e o reúso significa ainda assumir um novo comportamento diante do ambiente, conservando-o o máximo possível. Como proposta de educação ambiental, a reciclagem e o reúso ensinam a população a não desperdiçar, a doar algo que não lhe serve mas pode ser útil a outrem, a ver o lixo como algo que pode ser útil e não como uma ameaça.

Coleta seletiva

Uma das etapas mais onerosas dos tratamentos do lixo que visam sua reutilização é a separação adequada dos descartes. Basicamente, deve-se separar os materiais orgânicos dos inorgânicos. Uma primeira classificação pode perfeitamente ser realizada pela população, por meio da chamada coleta seletiva. Colocar esse tipo de ação em prática depende essencialmente de vontade política para conscientizar e informar a população sobre os objetivos a alcançar, despertando sua vontade de colaborar.

A separação doméstica dos vários tipos de materiais do lixo é simples: basta colocar em recipientes separados detritos como papéis, restos de comida (orgânicos) dos vidros e latarias (inorgânicos). Também é de grande importância a separação de materiais plásticos (polímeros em geral). Isso feito pelos cidadãos, cabe ao governo disciplinar e fiscalizar as operações de acondicionamento, transporte e, finalmente, definir o tratamento mais adequado do lixo urbano.

Algumas experiências-piloto realizadas em São Paulo evidenciaram o real interesse das pessoas em colaborar com a coleta seletiva. Um projeto, restrito a cerca de 26 mil domicílios, mostrou que os papéis descartados totalizavam cerca de 50% da massa total do lixo coletado. Sabendo que o papel é um constituinte reciclável e com razoável procura no mercado, pode-se concluir que, pelo menos nessa comunidade, a coleta seletiva tem ingredientes estimulantes para se tornar uma prática corriqueira nas famílias: gerar renda e reduzir a massa/volume de lixo.

Em que pese experiências como essa sugerirem forte vocação de participação da sociedade, a imensa maioria do lixo diariamente produzido no Brasil (cerca de 240 mil toneladas) ainda tem como destino os aterros, quando não sanitários, os controlados, que muitas vezes são verdadeiros lixões.

Há alguns componentes comuns em lixos urbanos facilmente (re)utilizáveis, como é o caso de papéis e materiais plásticos. Os papéis, quando não reutilizáveis (reúso), podem ser reciclados com relativa facilidade; já os plásticos podem ser utilizados na confecção de outros artefatos, como vasilhames, mourões de cerca, etc. No caso dos vidros, a eficácia da recuperação é significativa, porque a porcentagem desses materiais que pode ser diretamente reutilizado é alta. No caso dos metais, especialmente o alumínio, presente, por exemplo, em embalagens descartáveis de refrigerantes e cervejas, a altíssima percentagem reciclada desses artefatos se explica porque propicia uma significativa economia de energia elétrica, cerca de 95%, o que contribui para reduzir os custos da fabricação de novas latinhas.

A percepção de que o lixo é muito mais do que um tema que preocupa ambientalistas parece ter se difundido e mobilizado muitas administrações públicas responsáveis e comprometidas de fato com o ambiente, com a saúde pública e com as finanças do município, já que esse problema, o lixo, atinge em cheio esses pilares da gestão pública. Nesse sentido algumas ações direcionadas a determinados componentes do lixo têm sido implantadas e aperfeiçoadas.

Papéis

Em 1992, época da primeira edição deste livro, a prefeitura de São Paulo estimou em 8 mil toneladas a massa do correspondente volume de lixo recolhido no município todos os dias. Ao final da primeira década do novo milênio, a massa estimada subiu para 15 mil toneladas na cidade, o que corresponde a cerca de 1kg/dia-pessoa. Desse total, boa parte compreende papéis e plásticos.

A reciclagem do papel tem como objetivo aproveitar as fibras celulósicas do papel incorporando-as na fabricação de um novo papel. Esse novo papel não tem a mesma qualidade do original, sendo por isso destinado a produtos de menor exigência, como jornais.

É importante salientar também que é possível destinar o papel do lixo para produção de vários produtos, como álcoois, proteínas e óleos, bastando para isso proceder à quebra da celulose* por hidrólise. Entre esses produtos, destacamos a grande importância dos álcoois, que na indústria química são matérias-primas em diversos processos industriais. Sobre o etanol*, especialmente, recai também o interesse como combustível.

Plásticos

A partir da década de 1960, o uso de materiais plásticos cresceu de modo acentuado. A proporção desse material presente no lixo urbano, porém, varia significativamente de país para país, e em cada um deles, de cidade para cidade, parece haver uma relação com o número e o porte de supermercados existentes na região.

Embora de baixa toxicidade, o plástico tem como característica um longo tempo de permanência ambiental, isto porque sua degradação é muito lenta. Como resultado, quando descartado, ele se acumula no ambiente, onde permanece por muito tempo, até algumas dezenas de anos.

Porém, a facilidade de reaproveitamento dos materiais plásticos a partir de simples tratamentos físicos e as diversas perspectivas de reúso vêm motivando grandes investimentos no reprocessamento de plásticos. Soma-se a isso a novidade dos chamados "plásticos ecológicos", que começam a ganhar mercado no mundo inteiro, especialmente no segmento de embalagens. Tais produtos prometem diferenciar-se dos tradicionais quanto ao seu tempo de residência ambiental, muito menor porque são biodegradáveis. Essas razões explicam por que esse material, tradicionalmente presente nos lixos urbanos, tende a ter sua importância reduzida quanto ao impacto que gera no ambiente.

Poluição específica

Em que pese a tendência descrita acima, a enorme quantidade de plásticos já utilizada e em uso, que mais cedo ou mais tarde pode se acumular em reservatórios naturais, desperta grande preocupação. Há pesquisas que já identificaram compostos orgânicos presentes em material particulado atmosférico, cuja provável fonte primária seja exatamente os plásticos descartáveis e presentes em aterros, lixões, etc. É o caso, por exemplo, dos ftalatos encontrados nas partículas sólidas do ar. Estudos de Domingues Hills, West Corvina e Pomona, nos Estados Unidos, feitos em material particulado atmosférico, mostraram que essas substâncias são abundantes no ar. Em São Paulo, estudos parecidos tiveram resultados semelhantes.

Vidros e metais

Até a primeira metade da década de 1950, latas e vidros eram as embalagens mais utilizadas para produtos líquidos. Com a obtenção dos materiais sintéticos, como os polímeros, foram gradualmente substituídos pelos plásticos.

Vidros e metais têm uma grande vantagem: podem ser reutilizados depois de uma simples esterilização. É o que acontece, por exemplo, com as garrafas de cerveja e refrigerantes. Somente esse fato seria motivo para se estimular o uso desses materiais em detrimento dos outros, principalmente dos plásticos.

Um caso bem interessante e bastante conhecido refere-se ao alumínio, que conquistou o mercado de embalagens, especialmente o de refrigerantes e cervejas. A reintrodução desse material na linha de produção de novas latinhas tem um forte apelo ambiental porque poupa matéria-prima (bauxita, minério de alumínio) e evita que o alumínio comprometa a qualidade do solo. Mas a tal apelo acrescente-se o fato de que a reciclagem também possibilita uma significativa economia de energia elétrica e, nesse caso, uma redução de custos de produção para novas latinhas.

Inferência

Como podemos perceber, a problemática do lixo é relativamente simples de ser equacionada, segundo uma solução de compromisso entre custos × benefícios – reaproveitamento ou não. Até por falta, por enquanto, de mais alternativas, a gestão desse problema, que hoje está focada na priorização de uma ou outra técnica, parece encaminhar-se para uma conjugação de várias, nas quais os 3 Rs (Redução, Reúso e Reciclagem) despontam como tendência.

Saltam aos olhos muitas potencialidades desses resíduos, tantas que descrevê-las seria uma tarefa muito interessante e convincente, porém não condiz com os objetivos gerais deste livro. Por outro lado, apenas as informações deste capítulo convencem-nos de que desprezar o *lixo* é, no mínimo, um *luxo* e uma irresponsabilidade.

Capítulo VI

RESERVATÓRIOS NATURAIS AMEAÇADOS

No contexto deste livro usamos a expressão "reservatório natural" com sentido semelhante ao do conceito de "ecossistema". Com ela designamos o ambiente, com todos os seus elementos formadores, abióticos e bióticos, que acumulam (guardam) recursos naturais. Assim, enquanto "ecossistema" traduz a visão da ecologia em relação ao ambiente, "reservatório natural" nos remete ao conceito de recurso. Ou seja, considera os elementos do meio como um conjunto de bens disponíveis para a satisfação das necessidades humanas e, consequentemente, dos sistemas econômicos. Pensando nos ecossistemas como reservatórios, podemos levar em conta as leis naturais que os regem para, a partir delas, construirmos os conhecimentos necessários à sua utilização pela sociedade de forma controlada e racional. Isso resolveria o impasse criado pelas discussões teóricas sobre as questões ambientais: utilizar ou não os recursos que se encontram em "estado natural". Compreendendo os aspectos vitais dos ecossistemas, poderemos explorar os recursos naturais que eles oferecem sem comprometê-los, como vem ocorrendo com tanta frequência em nosso país.

Quando falamos em reservatórios naturais ameaçados logo nos vem à cabeça um sem-número de exemplos – rios, lagos, florestas, etc. Embora gostássemos de poder discutir cada um desses exemplos, todos certamente de grande importância, as limitações de espaço e o método deste trabalho tornam isso impraticável. Por isso, mas sem perder a dimensão da discussão global e ainda coerente com os objetivos deste livro, selecionamos dois casos que julgamos bem ilustrativos: os manguezais e a floresta amazônica. A partir do retrato desses casos particulares acreditamos ser possível, em grau e gênero, apontar para o universal.

Os manguezais

Para alguns autores os termos "mangue e manguezal" guardam diferenças entre si. R. F. Ferreira, por exemplo, trabalha com "mangue" como sendo o conjunto de plantas que ocupa o material lodoso e salgado, enquanto "manguezal" seria o local e a paisagem onde essas plantas se encontram. Optamos por usar o termo manguezal para sintetizar esses dois conceitos num só. Assim, para nós manguezais são terras planas, baixas e lamacentas, localizadas nas costas litorâneas das regiões tropicais, junto aos desaguadouros dos rios, no fundo de baías e nas enseadas. Estando em terrenos baixos e em contato com o mar, os manguezais contêm águas de baixo ou médio teor de salinidade. Os bosques de mangues, fixados sobre terreno lamacento, apresentam características fisionômicas e funcionais muito particulares. São típicos deles os seguintes fatores: a) temperaturas tropicais; b) área constantemente sob o controle e o fluxo das marés, que são de grande amplitude; c) depósitos volumosos de silte e areia fina, argila e grande quantidade de matéria orgânica, todos materiais típicos das áreas tropicais; d) baixos níveis de energia cinética.

Os manguezais localizam-se na sua grande maioria fora dos litorais de mar aberto. Estão sempre associados às áreas de fortes mares, porém abrigados dos fortes ventos e das ressacas; caracterizam-se também por uma vegetação halófita tropical de mata, com algumas poucas espécies especiais que crescem na vasa marítima da costa ou no estuário dos rios.

Uma das razões que nos levaram a focar esse reservatório natural se explica pelo fato de que suas áreas vêm diminuindo consideravelmente. Nos idos de 1990, estimava-se que a área total ocupada pelos manguezais era da ordem de 20 milhões de hectares*. Duas décadas depois, avaliações otimistas dão conta de 15 milhões de hectares. A maioria dos manguezais encontra-se principalmente nas latitudes intertropicais; calcula-se que 75% das linhas de costas tropicais do mundo são dominadas por esse tipo de vegetação. No Brasil, os manguezais espalham-se por toda a faixa litorânea, desde o Amapá até Santa Catarina.

Os manguezais são ecossistemas importantes para as populações que vivem fixadas ao longo do litoral dos trópicos. A diversidade e a quantidade de crustáceos, moluscos e peixes que vivem nos mangues não garantem somente a alimentação dessas populações. É comum a prática de uma indústria da pesca de tipo artesanal ao longo dessas formações naturais.

As porções mais ricas em vida marinha são as situadas junto às costas dos manguezais. Estes, por essa razão, são vitais para a fauna e a flora marinha. Além disso, por estarem situados em terrenos baixos, os manguezais constituem extensos reservatórios que podem minimizar a ação de ventos fortes, como os que provocam fenômenos como os ciclones.

Elementos que afetam os manguezais

Muitos são os fatores que comprometem o equilíbrio desses ecossistemas. Devido à sua localização de fácil acesso, ao desconhecimento e à pouca veiculação de sua importância e, principalmente, ao descaso, alguns manguezais tornaram-se alvo de depredações que incluem aterramento para ocupação, desmatamento para uso da vegetação como lenha, poluição das águas por derramamentos de petróleo ou por depósito de lixo. No Brasil uma região de manguezais particularmente afetada fica nas proximidades do município de Cubatão.

São constantes as ameaças sofridas pela vegetação, como a possibilidade de acidentes técnicos com petroleiros ao longo do litoral. Os descuidos por parte das empresas transportadoras e a ineficácia da legislação para tais acidentes permitem que os mesmos ocorram e provoquem verdadeiros desastres ecológicos, comprometendo a fauna litorânea e a vida daqueles que dela dependem.

Com o desmatamento das regiões vizinhas, os materiais são transportados pelas águas e depositados no interior do solo lodoso. O material transportado, geralmente mais grosseiro (arenoso), acumula-se nas raízes das plantas e altera o sistema de drenagem, ou seja, altera a direção dos fluxos das águas dos rios e das marés, provocando assim o desaparecimento da fauna até então adaptada.

Outra ameaça cada vez mais frequente aos manguezais são os aterros. Em geral eles são feitos para permitir a construção de indústrias ou núcleos residenciais no local. O resultado é destruição da vegetação e poluição das águas por esgotos e/ou resíduos industriais. Os aterramentos, que atingem faixas progressivamente maiores da costa, resultam, em parte, da urbanização do litoral que ocorre ao redor de polos industriais aí estabelecidos. Os aterros, por sua vez, atraem para a região as classes sociais de baixa renda, provenientes de migrações, que vão se fixando nas proximidades em construções sobre palafitas. O povoamento da área traz, além de poluição, a devastação dos bosques cuja madeira se transforma em lenha usada pela população pobre fixada no local. Os arbustos existentes em grande quantidade nos manguezais também atraem os devastadores. As cascas de algumas espécies são usadas para a produção de tanino, produto usado tanto em processos industriais como domésticos.

Favela no manguezal no município do Guarujá (SP).

Alguns estudiosos se referem aos aterros dos mangues da Baixada Santista como uma "prática mais que corrente para efeito de edificação, loteamento, expansão industrial ou municipal, das áreas de mangue contidas dentro das respectivas propriedades particulares ou públicas" e estimam que "cerca de 70% dos manguezais da região de Cubatão acham-se aterrados ou degradados", como relata S.M. Branco. Também nos mangues de Guaratiba e de Gramacho, no Rio de Janeiro, observa-se descaso: eles vêm sendo utilizados como depósitos de resíduos industriais e de lixo em geral. Outros mangues que, por sofrerem práticas similares, já estão seriamente atingidos são os de Paranaguá (PR), Baía de Todos os Santos (BA), Baía de Vitória (ES), São Luís (MA), Recife (PE), Natal (RN), Cananeia e Iguape (SP).

A floresta amazônica

Desde que as florestas tropicais da África, da Índia e do Brasil começaram a ser devastadas de forma indiscriminada, iniciaram-se também as denúncias contra os desmatamentos. Mas, invariavelmente, é a Amazônia, a maior extensão contínua de mata tropical ainda intacta, com uma imensa riqueza de recursos naturais, que tem motivado os debates mais sérios a respeito dos métodos de exploração.

A Amazônia abrange considerável área de nove países sul-americanos (Brasil, Bolívia, Peru, Equador, Colômbia, Venezuela, Guiana, Suriname e Guiana Francesa), totalizando 6,5 milhões de quilômetros quadrados. Destes, 3,5 milhões encontram-se em território brasileiro. A floresta equatorial – hileia – deve sua presença às condições climáticas locais: temperaturas permanentemente elevadas, sem grandes variações, aliadas a chuvas fortes e constantes.

A mata é rica em árvores de grande porte, que atingem em média 20 a 30 metros de altura. Há um número muito grande de extratos, assim como uma enorme variedade de espécies. De forma simplificada podemos identificar na floresta três grandes domínios vegetais. Seguindo um perfil perpendicular aos rios, eles formam a seguinte sequência: as matas de igapós, localizadas ao longo dos rios e constantemente inundadas; as matas de várzea, periodicamente inundadas, e as matas de terra firme (os caaetês dos indígenas), fora do alcance das águas.

Entre as espécies vegetais encontradas em cada um destes domínios, podemos destacar as seguintes: no igapó, o taxizeiro, a mamorana e o arapari. Na mata de várzea distinguem-se as seringueiras, que chegam a atingir até 40 metros de altura, e o pau-mulato, também de grande altura. Nas matas de terra firme três espécies têm grande valor econômico para a região: a castanheira, o caucho e as enormes sapopembas. Tanto na mata de igapós como nas de várzeas são comuns as palmeiras.

Os povos da floresta

Ao mesmo tempo que fornece produtos extrativos, a várzea permite também a prática da lavoura do tipo temporário, base da sobrevivência de indígenas e caboclos, que constituem os chamados povos da floresta. Essas populações aprenderam a conviver em harmonia com as várias partes da mata. Para elas, o rio e a floresta são parte do cotidiano. O rio é, ao mesmo tempo, fonte de alimento e também via de transporte. Flutuando em suas águas, o caboclo percorre a floresta para fazer sua coleta. Ninguém melhor do que ele sabe desvendar os labirintos dos igarapés, fator importante para o domínio da mata.

As plantações são feitas na várzea, entre os curtos períodos das vazantes, quando a água deixa os solos. Estes solos são mais férteis do que os das terras firmes ou dos caaetês. É por isso que os projetos de barragem das águas dos rios para construção de represas devem ser pensados com muito cuidado: eles podem significar para o caboclo da Amazônia a retirada de uma das suas importantes formas de subsistência – a agricultura.

A canoa sempre foi, e ainda é, um traço marcante da cultura destes povos. É ela que carrega os noivos para o casamento nas igrejas e os mortos para o sepultamento nos cemitérios localizados ao longo das margens. Os rios concentram os homens, tanto pelas suas necessidades econômicas como culturais. Os pequenos povoados localizados sobre os barrancos têm na canoa o traço marcante de sua cultura – a cultura das águas e das florestas.

Esses povos convivem no cotidiano com clima equatorial, com solos geralmente ácidos (faixa de pH: 3,2 - 6,7) e pobres em elementos minerais. As várzeas, porém, com sua grande quantidade de matéria orgânica, são consideradas áreas adequadas a atividades agrícolas.

Queimadas e desmatamentos

As queimadas são a demonstração mais inequívoca da nossa incapacidade de bem administrar os recursos naturais de que dispomos. A chamada Amazônia brasileira compreende uma extensão territorial de aproximadamente 520 milhões de hectares. Segundo dados do Instituto de Pesquisas Espaciais (INPE), a taxa anual média de desmatamento nos últimos anos tem caído, mas ainda assim continua alta, em torno de 1,8 milhão de hectares.

Estima-se que tal desmatamento responde por uma emissão de cerca de 180 milhões de toneladas de gás carbônico. Por outro lado, a floresta é capaz de sequestrar anualmente algo em torno de 350 milhões de toneladas, o que resulta num saldo positivo da ordem de 170 milhões de toneladas/ano, retiradas da atmosfera. O saldo positivo evidencia mais um importante papel global da floresta, o de sequestradora de CO_2 da atmosfera, ajudando a minimizar o agravamento do aquecimento global.

A importância da Amazônia não se restringe ao seu importantíssimo papel ambiental, concernente ao aquecimento global. Entre outros aspectos, o econômico parece a cada dia ser gigantesco, a ponto de não ter mais sentido se falar em cifras. Mas, como exercício de dimensionamento, só em madeira a ordem de grandeza estaria na casa de vários trilhões de dólares. Conservar a Amazônia também é importante socialmente, já que ela é a base de sobrevivência social direta de milhares de pessoas.

Evolução do desmatamento das florestas no mundo
Observe que a Europa dizimou cerca de 99,7% de suas florestas

	Remanescente das Florestas Primárias Originais (1 000 km^2)			
	Floresta Original	%	Presente	% Florestas Primárias em relação a original
África	6.799	100,0	527	7,8
Ásia	15.132	100,0	844	5,6
América do Norte	10.877	100,0	3.737	34,4
América Central	1.779	100,0	172	9,7
América do Sul	11.709	100,0	6.412	54,8
Rússia	11.759	100,0	3.448	29,3
Europa	4.690	100,0	14	0,3
Oceania	1.431	100,0	319	22,3
Mundo	64.176	100,0	15.473	24,1
Brasil	6.304	100,0	4.378	69,4

Remanescente das Florestas Primárias Originais e Atual (1 000 km²)				
	Floresta Original	%	Presente	% Florestas Primárias mantidas
África	6.799	10,6	527	3,4
Ásia	15.132	23,6	844	5,5
América do Norte	10.877	16,9	3.737	24,2
América Central	1.779	2,8	172	1,1
América do Sul	11.709	18,2	6.412	41,4
Rússia	11.759	18,3	3.448	22,3
Europa	4.690	7,3	14	0,1
Oceania	1.431	2,2	319	2,1
Mundo	64.176	100,0	15.473	100,0
Brasil	6.304	9,8	4.378	28,3

Fonte: adaptado de http://www.desmatamento.cnpm.embrapa.br/conteudo/resultadoquant.htm. Acesso em 24 set. 2012.

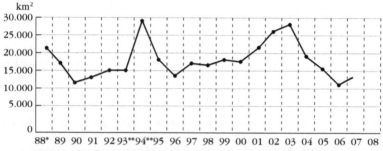

Evolução do desmatamento na Amazônia
Anualmente são desmatadas dezenas de milhares de km² de floresta

Histórico de desmatamento: * média entre 1977 e 1988; ** média entre 1993 e 1994

Fonte: http://www.estadao.com.br/especiais/a-evolucao-do-desmatamento-na-amazonia,2181.htm. Acesso em 01 out. 2011.

Floresta, solo e clima formam uma unidade que resulta num típico equilíbrio dinâmico (homeostase) quando comparado com outros ecossistemas. A queima da mata priva o solo de dois componentes básicos: matéria orgânica e bactérias, ambas necessárias à manutenção de sua fertilidade. O fogo atinge materiais do solo situados a uma profundidade de até 20 cm, faixa onde se encontra a matéria orgânica que constitui a base da fertilidade da terra. Depois de aproximadamente dois anos das queimadas, o chão começa a ficar coberto por um material silicoso estéril e impróprio para a lavoura.

No domínio das terras firmes, o desmatamento leva ao aparecimento de um solo arenoso, silicoso e pouco fértil, ruim tanto para as lavouras como para as pastagens. A perda da cobertura vegetal pode ainda levar os reservatórios de águas subterrâneas ao desaparecimento. Afinal, é graças às plantas que a água da chuva permanece mais tempo no solo, onde pode gradualmente infiltrar-se. Além disso, a vegetação reduz a temperatura local e diminui a intensidade de evaporação. Sem as raízes para aglutinar seus grãos e impedir que sejam levados pelas águas, e sem as folhas dos vegetais para abrandar o impacto da chuva, os solos argilosos da Amazônia acabam sofrendo rápida e profunda erosão. Sem a floresta para abrandar a queda da chuva, toda a água das precipitações vai direto para o chão, arrastando para longe sua camada superficial, que é a mais fértil, e provocando erosão.

Povos da floresta e o grande capital

Ao perturbar o equilíbrio da região, o desmatamento compromete também a existência dos caboclos e dos índios. Estas duas unidades culturais, que outrora lutavam por espaço na mata, convivem hoje em estado de cooperação, vivendo de caça, pesca e coleta. Com isso, sobrevivem sem degradar o ambiente. Mesmo quando produz para uma economia de mercado, o caboclo consegue fazer isso sem provocar graves danos à natureza. Isso deixou de acontecer com a chegada das grandes empresas nacionais e multinacionais à região.

Toras de madeira, fruto do desmatamento da Amazônia, atravessam o rio Negro.

A partir de então, os povos da floresta estão sendo ameaçados de duas formas: pela devastação ambiental e pelas mudanças nas relações de propriedades. O desmatamento, já apontado anteriormente como um sério problema da região, perturba não somente o equilíbrio do solo como também o ciclo hidrológico.

Desde o século XIX até a recente chegada do grande capital, a integração entre índios e caboclos não foi pacífica. Havia, porém, um convívio mais ou menos tranquilo entre a tecnologia do caboclo e a do índio com o capital comercial. O "aviador", ou seja, o intermediário entre o caboclo e o mercado não interferia tão diretamente no nível técnico da produção. Para ele interessava somente a mercadoria. A floresta continuava nas mãos de quem a conhecia – o índio e o caboclo.

Com a chegada das "companhias colonizadoras", vindas dos polos econômicos do centro-sul do país, mudaram as relações de trabalho na Amazônia. Apropriando-se das terras até então na posse dos povos da floresta com "títulos de propriedades", tais companhias submeteram estes povos a uma de duas condições: subordinação ao grande capital ou abandono das terras onde viviam e trabalhavam. O conflito acentuou-se a partir dos anos 1970, durante o chamado "milagre brasileiro" – momento de forte crescimento da economia acompanhado de grande concentração de renda – e continua acirrado até os dias de hoje – muitos índios foram transferidos de suas terras de origem para "reservas", enquanto os caboclos seguiam lutando pelo direito da terra como garantia de sua sobrevivência.

Na verdade, os "colonizadores" tinham como finalidade manter as terras disponíveis, sem a presença de posseiros, para assim conseguir melhores preços na transação imobiliária com as grandes empresas vindas do centro-sul: mineradoras, criadoras de gado, madeireiras (que tanto vendiam seu produto para o mercado interno como para exportação), etc.

Os índios e caboclos, mesmo sabendo que é necessário conservar para sobreviver, foram submetidos ao poder dos interesses impostos por um capitalismo selvagem, ficando cada vez mais difícil estancar o processo de agressão ambiental na Amazônia.

Programas energéticos

Outro tema de grande importância para a região amazônica está relacionado à geração de hidroeletricidade. Isso porque seu gigantesco potencial hídrico, ao mesmo tempo que representa uma enorme fonte, também significa uma ameaça de inundação de extensas áreas de florestas. Para se ter uma ideia, toda a região compreendida pela Amazônia responde por aproximadamente 50% do potencial hidrelétrico do país, que por sua vez é um dos maiores do mundo, perdendo apenas para a China e a Rússia.

Na maioria das vezes, as áreas inundáveis têm pouca importância agrícola, já que seus solos não costumam ser férteis o suficiente para despertar tanto interesse. Há que se destacar também que a atenção mundial para essa região tem exigido que os projetos sejam de baixo impacto ambiental. Mesmo assim, sabe-se que as represas, além de desperdiçarem valiosos bens de capital, como madeira e minerais, atingem direta ou indiretamente a fauna. Uma prova disso é o projeto Tucuruí. Segundo a Hidroservice, empresa que projetou a obra, existiam na bacia de inundação de Tucuruí: "190 mil hectares de formação de florestas exploráveis. Com o aproveitamento de 64 espécies florestais poderiam ter sido obtidos 11,4 milhões de metros cúbicos de madeira em toras ou 6,840 milhões de metros cúbicos de madeira serrada, 34,77 milhões de metros cúbicos de lenha ou 11,578 milhões de metros cúbicos de carvão".

Por mais cuidado que se possa ter em minimizar o impacto ambiental, ele é inevitável em maior ou menor extensão. Como a vegetação natural da área de inundação não é previamente retirada, por mais que se tente remover a fauna, há um prejuízo ambiental irremediável.

E, devido à decomposição da matéria orgânica inundada – produzida por micro-organismos anaeróbicos –, há uma considerável produção de metano e gás sulfídrico*. O metano é um dos gases que agravam o efeito estufa, aquecimento global. Já o gás sulfídrico, além de gerar um cheiro forte de ovo podre, é também corrosivo.

Hidroelétrica de Balbina, no rio Uatumã (AM), é criticada pelos seus impactos ambientais na região.

Considerando toda a energia, fauna e flora, toda a trama há séculos tecida e que mantém o bioma amazônico, percebemos que qualquer avaliação de impacto ambiental, por mais meticulosa que seja, implica a perturbação desse equilíbrio, cujas consequências podem ser desastrosas. Em especial, considerando apenas a questão energética envolvida no processo de fotossíntese, há que se considerar que a quantidade de energia fixada por metro quadrado é de aproximadamente 1,09 MW (megawatt*) por quilômetro quadrado; isso significa, por exemplo, que para competir com tamanha capacidade energética a usina de Balbina deveria produzir pelo menos 2.600 MW e não apenas 250 MW. A região amazônica abriga cerca de 35 mil toneladas de madeira por quilômetro quadrado.

Admite-se que a produção de energia é imprescindível para qualquer programa de desenvolvimento econômico do país. No entanto, é preciso produzi-la da forma menos predatória para o ambiente. A construção de usinas hidroelétricas exige inundações de consideráveis áreas de florestas. Uma opção menos danosa talvez fosse a construção de usinas termoelétricas, que usam como combustível troncos, galhos e folhas das árvores, capazes de voltar a crescer após o recorte – embora se saiba que os dois procedimentos afetam inevitavelmente o ambiente.

Mineração

A descoberta de algumas importantes reservas minerais (ferro, alumínio, manganês, cobre e ouro) na Amazônia desencadeou uma corrida à região. Em geral, o processo de mineração é rudimentar, feito a céu aberto, e sempre implica devastação de enormes coberturas florestais. O método atualmente usado para extrair o ouro é extremamente danoso aos ecossistemas locais. Grandes volumes de terras são movimentados e em seu lugar aparecem enormes crateras. Os materiais inaproveitados são lançados no ambiente e acabam assoreando os rios e vales. Finalmente, o mercúrio, usado para amalgamar o ouro, é despejado nos rios.

O mercúrio é usado indiscriminadamente, em quantidade considerável. Acredita-se que mais de 250 toneladas do metal já foram despejadas só no garimpo de Tapajós. O mercúrio é altamente tóxico para os peixes que servem de alimento para a maioria da população da região. Além disso, durante o aquecimento do amálgama para separar o mercúrio do ouro, forma-se um vapor altamente tóxico para os próprios garimpeiros.

Os garimpos da Amazônia são apenas uma amostra representativa do que vem ocorrendo em várias outras regiões brasileiras onde o ouro é procurado com sofreguidão. Os garimpos de ouro cresceram descontroladamente e distribuíram-se por quase todo o território brasileiro, comprometendo o equilíbrio dos ecossistemas e a segurança dos trabalhadores que se engajaram nestas atividades.

A descoberta de ouro em território do centro-norte brasileiro criou um fluxo de migrantes de várias regiões. A maior parte, porém, procede quase sempre daquelas áreas onde a possibilidade de emprego estável e bem-remunerado é baixa. O espírito de aventura e a esperança de ganhos rápidos exercem forte atração sobre o trabalhador no interior do sistema capitalista, a exemplo da garimpagem.

Quando a economia brasileira começou a apresentar sinais de estagnação, no final da década de 1970 e início dos anos 1980, o garimpo deu à situação uma dupla saída. Em primeiro lugar, era uma forma de aumentar a oferta de ouro. Em segundo lugar, atuava como frente de trabalho para a população desempregada ou subempregada. Dessa forma evitava-se o aumento destes contingentes nas áreas urbanas, o que poderia aumentar os conflitos e as contestações ao sistema.

A ação predatória do garimpo brasileiro pode ser medida pela extensão dos desmatamentos e das zonas escavadas. Somente a retirada da cobertura vegetal seria suficiente para acelerar a destruição do solo. A escavação da terra retira o manto de argila do solo e gera montes de entulho que são na sequência jogados nos leitos dos rios. Os solos expostos e alterados pelas escavações são facilmente transportados pelas águas das chuvas e, junto com o material carregado pelos mineiros, entulham os vales. Com isso, atrapalha-se o curso normal das águas e promove-se o aparecimento de inundações em áreas antes livres desse problema.

A brutalidade representada pelo garimpo não deve ser medida somente pela agressão que a atividade acarreta à paisagem amazônica. As enormes cicatrizes abertas no interior da mata, deixando o solo desnudado, também ameaçam os próprios garimpeiros. Muitas vezes eles acabam soterrados no interior das crateras cavadas por eles mesmos, em decorrência de fortes decomposições das rochas, que acabam provocando deslizamentos dessas camadas.

Dessa forma, os garimpeiros acabam muitas vezes cavando sua própria sepultura!

Garimpeiros em Serra Pelada (PA). Poucos ficaram ricos com as 25 toneladas oficialmente extraídas do garimpo paraense.

Pulmão do mundo?

Há muitas razões, científicas ou não, para se defender a preservação, a conservação ecológica ou, no limite, a exploração racional dos recursos da Amazônia. No mínimo, os métodos de exploração que vêm sendo utilizados têm trazido pouca riqueza para a região, que ainda vive essencialmente do extrativismo. A falta de conhecimento sobre a real importância desse ecossistema deu origem a vários equívocos, os quais induziram a uma falsa concepção de realidade.

Diferentemente do que por muito tempo se pensou, quando a floresta amazônica era vista como o "pulmão do mundo", as florestas, quando atingem a maturidade, não têm relevante importância no balanço positivo global de oxigênio atmosférico. Ou seja, não é de fato reconhecida como o pulmão do mundo. Nas florestas maduras, na verdade, inicia-se e se encerra um ciclo – na fotossíntese há absorção do gás carbônico e liberação de oxigênio; nos processos de respiração e decomposição, ocorre o contrário. Uma vegetação só é realmente sorvedoura de dióxido de carbono e produtora de oxigênio (O_2) enquanto está em seus primeiros anos de maturidade, quando há um saldo positivo de produção de oxigênio. Sob esta óptica, só seria admissível fazer a exploração de uma mata depois que ela ultrapassasse aproximadamente os quinze primeiros anos de maturidade. Na realidade, o grande responsável pela formação da maior parte do oxigênio produzido no mundo é o fitoplâncton, formado pelo conjunto dos organismos vegetais microscópicos que habitam a superfície dos oceanos.

Memória curta

As grandes potências estão sempre defendendo a preservação, a intocabilidade, a conservação e a exploração criteriosa da Amazônia e de outras florestas. Em geral, exigem dos países onde elas estão localizadas uma rígida política de preservação do ecossistema como condição para novos investimentos e para financiar projetos de desenvolvimento. Entretanto, não podemos esquecer que durante o processo de fortalecimento de suas economias, várias dessas potências cometeram violentas agressões aos mais variados ecossistemas, sem que nenhuma interferência externa fosse feita. Também temos o direito soberano de promover nosso desenvolvimento industrial pelo uso racional dos nossos recursos naturais. Poderíamos utilizar vários exemplos econométricos para ilustrar a magnitude das nossas riquezas naquela região. Mas acreditamos que apenas os recursos minerais e florestais, estimados em torno de 24 trilhões de dólares, sejam mais do que suficientes para explicar tanto interesse.

Uma alternativa racional para exploração da madeira e vários outros produtos da floresta é o manejo ecológico. Com esta metodologia e muito critério, os danos à floresta são minimizados. As árvores mais antigas e de interesse comercial são aproveitadas, deixando-se intactas as mais jovens da mesma espécie. Promovendo-se um rodízio das áreas de exploração, garante-se a existência permanente de árvores que tenham atingido seu equilíbrio vital. A manutenção das árvores em desenvolvimento e o cultivo – formação – de sementes de todas as espécies poderia permitir a reconstituição da mata. Nessa metodologia de extrativismo, um aspecto fundamental seriam os limites de exploração, que deveriam manter populações mínimas de árvores, de modo a não comprometer sua existência e a da própria mata. O monitoramento constante do ciclo é que determinaria o ritmo de extração.

Razões para preservar a Amazônia

Uma forte e incontestável razão para a preservação está fundamentada na diversidade genética que a floresta abriga – biodiversidade. Estima-se que pelo menos 2 milhões de espécies tenham na Amazônia seu hábitat natural. Destas, apenas cerca de 30% são conhecidas. Isso, em última análise, transforma a região num imenso laboratório vivo, com recursos ainda não explorados. Esse "patrimônio" de extraordinária importância justifica toda a preocupação em preservá-lo. Afinal, sua perda seria irreparável – imaginemos, por exemplo, que neste ambiente estivesse a cura do câncer!

Também é fato que a floresta regula o clima de toda a imensa região amazônica e que um desmatamento generalizado de área de tão grande porte poderia gerar alterações no clima de todo o planeta. Fatalmente, influenciaria também no aumento da temperatura local e talvez da temperatura global, pela eliminação da evapotranspiração*. Se considerarmos ainda que as queimadas emitem grandes quantidades de dióxido de carbono, também acentuaria o agravamento do propalado efeito estufa.

O ciclo vital das espécies que compõem os ecossistemas guardam uma inter-relação de dependência nas suas funções mais elementares. Esse ciclo também é afetado pela "saúde" dos componentes abióticos do ambiente. Tal equilíbrio natural não é estático ou inerte, mas, sim, dinâmico – vivo. Não é por mera coincidência que diferentes espécies crescem e se adaptam às condições específicas do seu meio. Existe uma estreita interação biótica entre as várias espécies habitantes de um mesmo ambiente, que atua direta e indiretamente.

Quando este equilíbrio dinâmico é perturbado, o conjunto das espécies reage na medida de suas possibilidades, buscando adaptar-se a uma nova posição de equilíbrio, a uma nova realidade. Esta reação está circunscrita aos limites das capacidades biofísicas das espécies. Assim, um impacto muito grande pode gerar um desastre ecológico, cujas consequências, diretas e/ou indiretas, são difíceis de dimensionar. É importante lembrar mais uma vez o fato de que os povos da floresta têm nesse ecossistema a base de sua sobrevivência e que qualquer fator que possa ameaçá-lo estará comprometendo a sobrevivência desses povos.

Uma questão de ética

Entre os diferentes problemas filosóficos expostos por Aristóteles, colocou-se o do exame da relação entre a vida teórica e a vida prática. A relação do homem com a natureza passa inegavelmente por essa relação. Qualquer justificativa que coloque o homem como centro da natureza e justifique quaisquer ações destinadas a satisfazer suas necessidades, mesmo que elas signifiquem mutilação da natureza da qual faz parte, será, por princípio, antiética. Segundo a visão epicurista, tal atitude estaria comprometendo o equilíbrio entre as paixões humanas e a sua satisfação.

Hoje, mais do que nunca, devemos buscar na filosofia os fundamentos para uma ética nas relações entre o homem e a natureza. Mesmo sabendo que a história tem nos revelado um quadro de destruição em relação ao ambiente, acreditamos que o homem tem de descobrir esta ética.

A destruição da Amazônia pode ser considerada uma agressão ao homem natural. Isso nos faz lembrar as palavras de um homem que soube pensar eticamente essa relação, quando afirmou: "...tudo que acontecer à terra acontecerá aos filhos da terra" – chefe indígena Seattle.

Capítulo VII

O AMBIENTE E A QUESTÃO ENERGÉTICA NO BRASIL

Não é de hoje que a especulação sobre onde vamos parar se a população mundial continuar a crescer neste ritmo preocupa e mobiliza estudiosos de todo o mundo. Afinal é de estarrecer saber que:
- o *primeiro bilhão* de habitantes da Terra demorou cerca de 200 mil anos para se formar e foi alcançado em 1800 d.C: crescimento lentíssimo;
- o *segundo bilhão* demorou mais 125 anos e foi alcançado em 1925: crescimento lento;
- o *terceiro bilhão* demorou mais 33 anos e foi alcançado em 1960: crescimento rápido;
- o *quarto bilhão* foi alcançado em apenas 14 anos, em 1974: crescimento acentuado;
- o *quinto bilhão* demorou apenas mais 13 anos, em 1987;
- o *sexto bilhão*, cerca de 12 anos, em 1999;
- o *sétimo bilhão*, em 11 anos, no ano de 2011.

Boa parte da energia que sustentou esse crescimento, especialmente a partir da década de 1950, é de origem fóssil. Isso, por sí só, explica em boa medida por que a concentração de dióxido de carbono (produto da queima dos combustíveis fósseis) aumentou aproximadamente 11% nas últimas quatro décadas.

Informações como estas mostram a necessidade de se acompanhar de perto o quadro de desenvolvimento da produção em grande escala e podem, equivocadamente, associar de modo antagônico os conceitos de desenvolvimento com o de proteção ambiental. A discussão dessa temática neste livro advém da crescente preocupação com as agressões ao ambiente que alguns métodos de transformação e de aproveitamento de energia têm gerado. Como podemos perceber, ao longo dos vários temas aqui discutidos, a questão energética sistematicamente aparece na base da poluição ambiental. A crescente taxa de emissão de dióxido de carbono para a atmosfera nas últimas décadas está diretamente relacionada ao uso de combustíveis fósseis. Várias consequências disso são bem conhecidas por nós. Outras, como as alterações climáticas, têm caráter especulativo. Mas também nos motivamos a discutir o assunto devido à sua íntima relação com o processo de desenvolvimento do país.

O homem consome energia em tudo o que faz. Por isso a perspectiva de desenvolvimento de uma nação está intrinsecamente relacionada à sua disponibilidade energética. Também é fato que numa economia de mercado os custos operacionais estão atrelados ao preço e à disponibilidade instalada de energia; esta disponibilidade está associada à capacidade máxima de energia possível de ser fornecida. Se tais custos forem excepcionalmente baixos, podem estimular de modo considerável as tecnologias que dependem de energia.

O estágio de desenvolvimento de um país ou região pode ser medido por um importante indicador: o quociente de consumo individual teórico de energia mecânica. Em geral, nos países industrializados, tal indicador tem índices bem superiores aos dos países em desenvolvimento. No entanto, ele não reflete necessariamente a produção de energia da nação, já que o consumo pode estar sendo alimentado pela produção energética de outros países.

Analisemos o caso da Inglaterra. Na época da Revolução Industrial, a partir da segunda metade do século XVIII, ela possuía grandes jazidas de carvão mineral, a principal fonte de energia da indústria nascente. Esse fato tornou o país autossuficiente do ponto de vista energético e permitiu que se desenvolvesse em ritmo acelerado. A partir do século XX, porém, verificou-se um intenso desenvolvimento tecnológico e uma grande diversificação das fontes de energia disponíveis: além do carvão mineral passou-se a utilizar, em escala industrial, hidroeletricidade e termoeletricidade obtida a partir do petróleo, gás natural e energia nuclear. A Inglaterra, pobre em petróleo, minerais radiativos e recursos hídricos, perdeu a autossuficiência, passando a depender de outros países para obtenção de sua energia. Coincidência ou não, com isso, perdeu também sua posição de líder em desenvolvimento.

Energia e poder econômico

Até meados do século XX, não havia grande preocupação com as fontes de energia. Embora se soubesse que um dia as fontes não renováveis se esgotariam, naquele momento elas pareciam muito acessíveis e infinitamente abundantes. Talvez por isso as economias mundiais foram perdulárias no uso dos recursos energéticos de que dispunham. As coisas só começaram realmente a mudar com a crise do petróleo, na década de 1970, quando as nações árabes produtoras de petróleo decidiram usar o embargo de seu produto como arma econômica contra as companhias distribuidoras internacionais e contra a política norte-americana diante do conflito árabe-israelense. No final de cinco meses de embargo, marcados por um duro programa de racionamento, que comprometeu o processo industrial e o cotidiano da população, o preço do barril do produto saltara em dezenas de dólares: de US$ 2,84/barril em 1972 a US$ 31,93/barril em 1983. E deixara aos países consumidores vários lembretes, sendo o principal deles o de que a disponibilidade e o preço do petróleo não dependem somente do possível esgotamento das jazidas, mas também da vontade de seus possuidores legais.

Por todo o exposto, vê-se que a segurança de um país e sua soberania não estão somente nas mãos de seu poderio militar, mas igualmente de uma estratégia que permita manter em funcionamento seu sistema energético. Não é à toa que a luta pelo domínio de áreas possuidoras de fontes de energia parece ter sido o objetivo imperialista das grandes potências e responsável por grandes conflitos que resultaram em guerras no século XX.

A última grande manifestação disso foi a "Guerra do Golfo". No caso do Japão – país rico em alta tecnologia, mas pobre em recursos energéticos próprios –, é uma hábil diplomacia no plano internacional que garante o suprimento da crescente demanda energética.

Considerando, então, que a segurança da política econômica de um país depende de sua capacidade para manter em funcionamento o sistema econômico, tanto no nível da produção quanto no do consumo, a questão energética torna-se extremamente preocupante para qualquer governo. Desse ponto de vista, nada seria tão seguro para uma nação do que dispor de um programa equilibrado de fontes de energia renováveis e não renováveis que servisse de base a seu planejamento econômico.

Dentro dessa perspectiva, explica-se a preocupação de alguns países em desenvolver tecnologias alternativas que lhes permitam obter energia a partir de recursos renováveis como as radiações solares, os ventos, as marés e a biomassa (caminho do Brasil no Proálcool).

Energia no Brasil

Sintomaticamente, foi a partir de 1973, com a primeira crise do petróleo, que se começou a discutir no Brasil a viabilidade de exploração de várias alternativas capazes de, progressivamente, substituir o petróleo como combustível e, a longo prazo, evitar um *blackout*.

Quando se faz o planejamento energético de uma nação, é fundamental conhecer o potencial natural das fontes renováveis e não renováveis existentes e as viabilidades técnicas de sua exploração. Somente um estudo multidisciplinar pode indicar se uma, várias ou todas as fontes energéticas devem ser exploradas e com qual prioridade. A decisão que por fim acaba sendo tomada é essencialmente política, pois o domínio de diferentes tecnologias é uma das garantias da soberania no desenvolvimento, além de atender a interesses de grupos.

A disponibilidade de energia está diretamente relacionada a investimentos no setor. Algumas práticas relacionadas ao estilo de vida podem diminuir ou mesmo aumentar sensivelmente esses investimentos, por exemplo: a redução do consumo de energia pela prática educativa de se evitar o desperdício no uso de equipamentos elétricos e de combustíveis (automóveis, fogões a gás, etc). Assim, define-se uma íntima relação entre os programas de desenvolvimento e a política energética. É o processo de desenvolvimento que, em última instância, deve determinar a política energética.

Nas últimas décadas, o Brasil vem crescendo à custa de um expressivo consumo de energia *per capita*. Isso está acontecendo porque o país adotou um modelo de desenvolvimento baseado na implementação de parques industriais que consomem grande volume energético, como é o caso das indústrias automobilísticas, eletroquímicas e eletrometalúrgicas.

A implantação do complexo metalúrgico automobilístico representou um desafio para a economia brasileira. Um desafio do qual, a propósito, não conseguimos nos sair muito bem. É claro que ignorar os transportes rodoviários no século XX seria inadmissível. No entanto, num país de dimensões continentais e cheio de rios como o nosso, relegar ao descaso ferrovias e, principalmente, hidrovias também era – e ainda é – inadmissível. Se hoje dispuséssemos de uma boa malha ferroviária e hidrovias de grande alcance, nossos problemas econômicos muito provavelmente seriam menores. No caso particular do Brasil, provavelmente seria exequível a eletrificação das ferrovias, ficando a rede viária movida por uma fonte renovável de energia. Medidas como essas ajudariam a blindar o Brasil de crises econômicas ligadas a combustíveis líquidos de origem fóssil.

A importação de recursos energéticos, especialmente petróleo, por muito tempo pesava demais no conjunto de nossas importações e o consumo de combustível pelos transportes rodoviários sempre foi o maior responsável por isso. Não é exagero dizer que a situação econômica brasileira seria bem melhor não fossem os erros das políticas de transporte definidas no âmbito dos governos estaduais, municipais e federal.

As fontes de energia disponíveis no planeta têm várias origens, podendo ou não depender da ação direta ou indireta dos raios solares. Mas, basicamente, são classificadas em renováveis e não renováveis.

Fontes renováveis de energia

Hidroelétricas

Nos últimos anos, o Brasil vem optando pela construção de grandes usinas hidroelétricas. São resultados desse programa energético os complexos de Urubupungá, de Itaipu, de Tucuruí, etc. A opção significou a mobilização de grandes recursos financeiros no exterior. Não se pode negar algum acerto na escolha desse caminho. Afinal, estudos hidrológicos avaliam o potencial hidroelétrico brasileiro em mais de 260 000 MW de capacidade instalável; desse total 42,7% está na região Norte, 10% na região Nordeste, 17,2% na região Sudeste, 13,6% na região Centro-Oeste e 16,6% na região Sul. Mas pode-se questionar a falta de projetos sobre bacias de rios de menor porte, com a construção de pequenas e médias usinas hidroelétricas, a partir de um estudo de viabilidade econômica e da relação geral custo/benefício entre estas e as grandes usinas. A opção por pequenas e médias usinas poderia favorecer uma política de industrialização geograficamente descentralizada, favorecendo um processo de integração regional. A pouca transparência, típica da década de 1970, também repercutiu na elaboração dos programas energéticos para o Brasil, o que explica em boa medida por que alguns projetos daquela época têm sido até hoje contestados. Com o atual processo de democratização, tornou-se possível o acesso às informações sobre os ditos programas e no futuro talvez seja possível elaborar um balanço crítico da questão.

Carvão vegetal

Nossas reservas florestais vêm sendo sistematicamente devastadas para obtenção de carvão, madeira ou para dar lugar a pastagens. O carvão é utilizado como combustível, algumas vezes, dos altos-fornos das siderúrgicas. Deles sai o ferro gusa, depois empregado no processo de produção de aço. A compreensão de algumas etapas desse processo é de interesse para o aprofundamento da discussão: o carvão vegetal, ao ser queimado em alto-forno, produz monóxido de carbono e energia (calor) entre outros produtos; o monóxido de carbono é que reage com o minério de ferro (*hematita*), produzindo o ferro líquido e dióxido de carbono.

O Brasil dispõe de grandes reservas de hematita em Minas Gerais, Mato Grosso, Amapá e Bahia. Como o ferro (Fe) é o principal constituinte do aço, isso torna o país um produtor potencial desse material. Além de representar importantes divisas para o país, o aço é aplicado em diversos segmentos industriais, sendo um dos pilares do desenvolvimento da construção civil e mecânica, em especial, a automotiva.

O problema, entretanto, é que por vezes se usa indiscriminadamente quaisquer espécies de madeira para alimentar os altos-fornos, comprometendo a pluralidade dos recursos naturais. Isso não é necessário, já que a grande extensão de terras já desmatadas existente no Brasil permite o cultivo de árvores para o uso exclusivo das usinas. Uma condição para atender à dinâmica do consumo está em organizar a produção de carvão vegetal a partir do desenvolvimento de florestas artificiais, como as de eucaliptos. Essas florestas poderiam ser plantadas em terras de baixa produtividade agrícola, como cerrados e campos, evitando a destruição de reservas naturais. Cabe ressaltar que o plantio de eucaliptos tem outras vantagens além de contrabalançar os efeitos da devastação das florestas naturais do país: sua importância também está associada a inúmeros usos de subprodutos possíveis de serem obtidos sem grandes inovações em processos industriais estabelecidos.

A otimização de alguns métodos industriais, que utilizam a madeira obtida dessas florestas, e a produção de certos derivados importantes além do carvão vegetal devem ser exploradas. A hidrólise da celulose e da hemicelulose, por exemplo, produz etileno e butadieno, que são matérias-primas importantíssimas no fabrico de vários produtos sintéticos; a pirólise* da madeira produz ácido acético, álcool metílico e o alcatrão, todos, também, matérias-primas de vários derivados na indústria, como por exemplo acetona, formol e resinas sintéticas.

Diferentemente do que acontece com os combustíveis fósseis, a exploração de combustíveis de biomassa incrementa os níveis de gás carbônico da atmosfera. Uma decisão de uso eficiente da terra que considere aspectos econômicos e ecológicos requer um inventário balanceado de usos da região. Nesse contexto, o plantio de eucaliptos é somente uma das diversas alternativas para o cultivo de algumas terras.

Energia solar

As características climáticas do Brasil, com alta incidência de luz do sol, recomendam a exploração da luz solar direta, que pode ser usada tanto para produção de eletricidade como para aquecimento de reservatórios de água, o que também pode implicar economia de energia no uso de chuveiros elétricos.

Mas, por enquanto, há um inconveniente nessa prática: as células fotovoltaicas necessárias à conversão de energia solar em energia elétrica ainda têm custo relativamente elevado, ainda mais considerando-se que somente 10% da energia captada é transformada em eletricidade. A tecnologia de conversão da energia solar em eletricidade tem avançado a passos largos. Atualmente já existem células com eficiência na faixa dos 39%. Mas a geração mais comumente utilizada, ainda de primeira geração, tem relativa baixa eficiência, na faixa dos 17%. Mesmo assim, a aplicação da energia solar direta é um método promissor e que ainda poderá ser muito atraente e competitivo.

Por outro lado, sabe-se que no Brasil aproximadamente 28% de toda energia é utilizada sob a forma de calor; esse calor está associado a temperaturas inferiores a 150 °C. Sabe-se também que já é possível transformar a energia solar em calor para atender às necessidades caloríficas de até 70 °C, o que já é vantajoso. Soma-se a isto o fato de que o método não acarreta transformações em ecossistemas – como é o caso das hidroelétricas –, não constitui fonte de poluição – como ocorre com os combustíveis –, nem é um risco iminente de contaminação por materiais radiativos – como acontece com as usinas nucleoelétricas. Essas razões justificam encararmos essa alternativa mais seriamente.

Residência com energia solar. No telhado, células fotovoltaicas.

Combustíveis líquidos e gasosos

Parece ter ficado nítido, no decorrer do livro, que a diversidade e a disponibilidade de recursos naturais renováveis e não renováveis do Brasil, em especial os energéticos, são muito, muito grandes.

Assim, diferentemente de muitos países, o problema do Brasil não está na falta do recurso, mas sim na elaboração de uma política sistêmica e planejada, de médio e longos prazos, específica para o setor. Considerando a magnitude, a importância, a nossa ainda dependência externa e o estágio tecnológico do setor de combustíveis líquido e gasoso no Brasil e no mundo, há que se considerar o setor, nessa política, como uma possível prioridade nacional.

Álcool etílico

Os leigos chamam de álcool ao composto químico denominado etanol ou álcool etílico. O álcool etílico é obtido na indústria por via biológica (fermentação de material sacarídeo e atividade biológica das leveduras), síntese ou recuperação.

O etanol deu origem ao Plano Nacional do Álcool (PNA), que surgiu no Brasil, em 1974, como alternativa energética para a redução das importações do petróleo. O potencial de culturas agrícolas de amiláceos do país dava ao plano grandes possibilidades. Embora a cana-de-açúcar tenha sido escolhida entre os amiláceos como matéria-prima principal para a produção de álcool entre nós, ela apresenta três grandes problemas: necessita ser plantada em áreas extensas e exige um contínuo processo de tratamento do solo para manter a produtividade; é, *in natura*, um produto alimentício; a maior ou menor produção de álcool depende do preço de mercado do açúcar, que é um dos nossos produtos de exportação.

É incontestável o significativo aumento de produtividade da cana-de-açúcar no Brasil, nos últimos anos. Há casos de usinas que conseguiram mais do que dobrar a produção por hectare de 1974 para cá, passando de cerca de 60 toneladas por hectare para 120 toneladas por hectare. Não são raros os casos de se falar em 130 toneladas/hectare. A média atual é de aproximadamente 97 toneladas/ha.

Finalmente, quando se compara as eficiências dos sistemas de produção da cana no Nordeste e no Sudeste, verifica-se que o PNA acabou de certa forma reforçando as estruturas oligárquicas nordestinas. Uma evidência disso é que a produtividade dessas regiões é bem diferente. A produtividade do Nordeste é cerca de 50% menor que do Sudeste. Quando se compara a produção entre as usinas de alta eficiência, aí então a superioridade de São Paulo é ainda maior. Isso ocorre porque a expansão do setor sucroalcooleiro nordestino ainda utiliza em larga escala técnicas antiquadas de cultivo.

O PNA (Proálcool) foi por muito tempo severamente criticado por certas correntes da sociedade brasileira. Algumas ainda hoje consideram o programa um erro histórico. Outras acham que o programa foi muitíssimo bem-sucedido. Há, por fim, algumas correntes, não tão extremadas, que consideram o projeto como uma eficiente alternativa e até uma possível solução para o equacionamento de uma crise energética. Entre essas três posições, ficamos com a terceira, a nosso ver, mais realista. Qualquer avaliação do PNA deve considerar não apenas fatores conjunturais da política energética, tanto no plano nacional como internacional, mas também fatores estruturais da sociedade brasileira e do sistema político-econômico e social internacional, no qual o Brasil está inserido.

Os desníveis de desenvolvimento e de organização da sociedade brasileira fizeram com que os impactos provocados pelo PNA fossem diferentes nas diversas regiões de nosso território. Tais impactos, diversos entre si, provocaram conflitos também diferenciados, que exigem soluções igualmente diferentes. O poder dos latifundiários do Nordeste e de certas regiões do centro-norte sobre os trabalhadores estabelece entre patrão e empregado uma relação de subserviência. O poder da grande propriedade e a natureza das relações de trabalho obstrui a possibilidade de uma melhor organização das instituições representativas dos interesses da classe trabalhadora.

No Sudeste – grande centro produtor de cana –, os movimentos dos trabalhadores tiveram maior repercussão e melhores resultados. É provável que isso tenha acontecido em parte devido à proximidade dos grandes centros urbanos do país, à maior cobertura de tais movimentos por parte da mídia e às maiores possibilidades de alianças com partidos e classes sociais progressistas. Dessa forma, paralelamente à expansão das grandes monoculturas, pôde haver avanço no processo da modernização do campo: embora os projetos de exploração do álcool a partir da cana tenham se mostrado concentradores, evidenciam impactos extremamente diferenciados segundo as condições socioeconômicas da região onde são implantados; as regiões com melhor infraestrutura reagem bem, enquanto as frágeis têm sua situação muito abalada. Isto lança dúvida sobre a política do álcool como instrumento de desenvolvimento regional, pelo menos em grandes unidades.

Álcool metílico

Mais uma alternativa de combustível líquido, o álcool metílico, também chamado metanol* (CH_3OH) ou álcool da madeira, é geralmente obtido a partir da destilação a seco da madeira – principalmente do eucalipto, recurso renovável, que pode ser cultivado em terras de baixa produtividade agrícola.

Embora o conteúdo calorífico do metanol seja menor (aproximadamente 50%) do que o dos principais combustíveis derivados do petróleo, ele é capaz de substituí-los (por exemplo a gasolina e óleo diesel). Do ponto de vista ambiental, o uso do metanol é melhor em alguns aspectos: sua combustão completa produz menos óxidos de nitrogênio com relação ao óleo combustível. Comparado à gasolina, o metanol produz menos monóxido de carbono.

Em 1990, a grave crise no abastecimento do etanol trouxe o metanol até nós e levantou uma tremenda polêmica sobre sua adequação como combustível. A base de toda a discussão residia – e reside – na toxicidade do metanol. De fato, seu manuseio requer cuidados especiais, entre eles o uso de luvas e de óculos de proteção. Seu uso como combustível, entretanto, não constitui novidade, pois já existia no início da Segunda Guerra Mundial; sem requerer adaptações no motor, também pode ser misturado à gasolina em até 15%.

As alternativas do Proálcool

O Proálcool foi concebido a partir de um estudo das diversas alternativas combinadas de culturas capazes de gerar álcool combustível. Em tese, o programa, ao manter essas culturas, poderia permitir um forte incremento na produção de gêneros alimentícios. No Brasil existem muitas culturas com um alto teor de amido, como é o caso da mandioca, do milho, do arroz, da cana-de-açúcar e da batata-doce.

Entre as alternativas, a mandioca é uma das mais atraentes. Ela pode ser cultivada nos cerrados e cerradões – inadequados para o desenvolvimento da cana –, é muito resistente às pragas e seu plantio valorizaria as terras pobres. Soma-se a isto o fato de que a planta poderia ser armazenada em forma de raspas para ser usada fora das épocas de safra. A cultura intensiva da mandioca e de outros produtos poderia assegurar disponibilidade permanente de álcool e subprodutos correlacionados, o que é dificultado quando se pensa numa linha de produção com matéria-prima exclusiva e com características tipicamente sazonais, como é a cana.

Adicionado à gasolina, o álcool etílico anidro eleva sua octanagem* e, por meio de esfriamento, evita a pré-detonação (antidetonante: dificulta a explosão). Ele substitui com êxito o chumbo tetraetila, antes usado como aditivo à gasolina. Este aspecto foi relevante e encampado por movimentos ecológicos, já que, ao eliminar o chumbo da gasolina, contribuiu-se muito para a melhora da qualidade do ar.

Não é de hoje que se discutem as vantagens do uso do etanol sobre a gasolina, ou a importância do *gasool* (mistura de gasolina e álcool). Ecologicamente, os que defendem o uso do álcool utilizam o forte argumento de que nesse caso o balanço de CO_2 é nulo porque, durante seu crescimento, a cana retira o CO_2, que será emitido durante a queima do combustível, do bagaço e do próprio açúcar, por meio da fotossíntese. No caso dos combustíveis fósseis, formados há milhões de anos, a extração e queima apenas emitem CO_2 para a atmosfera. É bom lembrar que o dióxido de carbono é o gás estufa, que está no centro das atenções do protocolo de Kyoto, que trata do aquecimento global.

Hoje em dia, com a comodidade dos carros Flex (com dois, três ou até quatro combustíveis), em que o motorista pode alternar o uso do combustível, não se pode mais falar de frota de carros movidos exclusivamente a gasolina ou álcool. Essa novidade coloca na mão do usuário a decisão sobre a sua contribuição à qualidade do ar, já que ele não precisa trocar de carro para mudar o tipo de emissão de seu veículo.

Outra novidade nos veículos modernos está relacionada ao uso de catalisadores, cuja função é converter mais rapidamente gases altamente tóxicos à saúde, como o monóxido de carbono, em gases de baixa toxicidade como o próprio dióxido de carbono.

Em que pese o fato de que a rota de produção de álcool no Brasil a partir da cana esteja bem pavimentada, com significativos ganhos de eficiência, entendemos que não é de bom tom abandonar outras alternativas de matérias-primas. Em boa medida isso se justifica porque assim estaríamos evitando a reprodução das indesejáveis formas de injustiças sociais, já que o crescimento da produção agrícola voltada para a produção do álcool etílico pode fortalecer o processo de concentração da propriedade da terra pelas oligarquias agrárias. É desse modo que vem o poder sobre os pequenos proprietários e produtores.

É importante ressaltar ainda que a monopolização da terra por produtos específicos poderá significar a diminuição da oferta de outros produtos alimentícios, tanto no campo como na cidade, devido à monocultura em si (como o caso particular da cana), e também devido ao possível comprometimento da qualidade do solo, caso a área utilizada para o cultivo não seja devidamente cuidada e conservada, com vistas a garantir os necessários nutrientes à terra.

Biogás

O biogás é uma mistura gasosa produzida a partir da fermentação anaeróbica da matéria orgânica. Fermentação anaeróbica é a que ocorre na ausência do oxigênio, quando certos tipos de bactérias transformam o amido contido nessa matéria orgânica em gases como o carbônico e o metano, entre outros. Cerca de 60% a 80% do biogás é metano, um gás combustível. Outros componentes comumente encontrados são o gás carbônico, que entra na mistura na proporção de 20% a 40%, o gás sulfídrico, o nitrogênio e o hidrogênio, que entram em menores proporções.

Dependendo do teor de metano da mistura, determinado basicamente pelo tipo de matéria orgânica utilizada na produção, o poder calorífico do biogás varia entre 5000 a 7000 kcal/m^3. Para efeito de comparação, o quadro seguinte mostra a correspondência entre a energia gerada por 1 m^3 de gás metano e a de diversos outros combustíveis.

A biodigestão é uma prática de baixo custo operacional e pode significar uma expressiva economia de eletricidade e de petróleo. Entre outras vantagens, pode ser usada para processar o esgoto urbano, matéria urbana putrecível em geral e para produzir biogás, capaz de ser diretamente utilizado como fonte energética; purificado e comprimido, serve de combustível a vários tipos de veículos.

No final da produção do biogás resta um resíduo (borra) curtido que é denominado biofertilizante. Essa matéria apresenta alta qualidade como adubo orgânico, além de ser rica em nutrientes do solo, como o nitrogênio (de 1,5 a 2,0%), o fósforo (de 1,0 a 1,5%) e o potássio (de 0,5 a 1,0%). Esse adubo orgânico, além de ser mais facilmente assimilado pelas plantas, restabelece o teor de húmus do solo e corrige algumas características, como a acidez, e estabelece ainda a atividade microbiana.

Nos Estados Unidos e na Europa, é comum o uso de biodigestores. Mas é na China que seu uso é expressivo e se constitui de fato numa alternativa energética para muitas famílias. Na China, estima-se que existam mais de 7 milhões de biodigestores em operação.

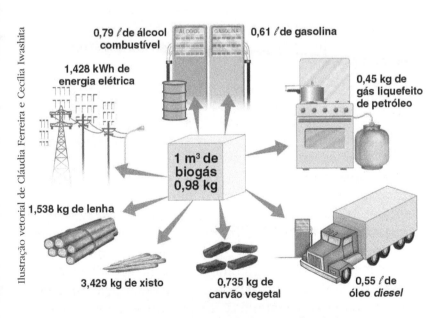

Equivalência energética de alguns combustíveis

Fontes não renováveis de energia

Carvão mineral

As reservas brasileiras de carvão mineral já caracterizadas, somadas às estimadas, totalizam cerca de 32.324 milhões de toneladas, o que corresponde a 2.752 milhões de toneladas equivalentes de petróleo (tep). Como as maiores reservas de carvão estão no sul do país, a melhor viabilidade operacional dessas reservas acaba circunscrevendo-se a certos limites regionais para a produção energética. É de grande interesse para o Brasil a utilização dessa fonte energética no setor siderúrgico, pois atenuaria o uso do carvão vegetal para este fim.

O carvão mineral contém, além de carbono, elementos como o enxofre e certos metais. Sua combustão, portanto, inevitavelmente constituirá uma importante fonte de emissão de monóxido e dióxido de carbono, de óxidos de enxofre, de fuligem e de vários metais tóxicos (principalmente mercúrio, chumbo e cádmio). Assim, faz-se necessário um rigoroso controle dos produtos emitidos para a atmosfera.

Petróleo e gás natural

O petróleo – e seus derivados –, por suas variadíssimas aplicações, acaba por se constituir um caso à parte. Além de ser uma importante fonte de energia do nosso mundo atual, é também matéria-prima que, graças à petroquímica, é utilizado numa infinidade de produtos: plásticos, fibras têxteis, tintas, fertilizantes, explosivos, inseticidas, detergentes, isopor, acrílico e mais um sem-número de produtos. Os derivados combustíveis do petróleo, entre eles a gasolina, o diesel e o querosene de aviação, movem grande parte das máquinas do mundo e a maioria dos veículos automotores existentes.

O gás natural é constituído por uma mistura de compostos leves dos quais se destaca o metano; basicamente, esses compostos são constituídos por carbono e hidrogênio, à semelhança do petróleo bruto. Frequentemente sua exploração está associada à do petróleo e, no caso brasileiro, as principais reservas encontram-se nas formações de petróleo.

Tamanha é a nossa dependência do petróleo que, se ele faltasse de repente, o mundo passaria por uma crise de proporções inimagináveis. Literalmente, isso é sem dúvida muito perigoso, considerando-se que o petróleo não é uma fonte renovável de energia.

Não é de hoje que a questão do esgotamento do petróleo é discutida. Há décadas esse tema é pauta de estrategistas, academias, empresas e governos. O que parece ser algo consensual é que as grandes reservas de fácil acesso, mais superficiais, estão se tornando preciosidade.

Por outro lado, sabe-se que a ocorrência de petróleo em regiões de difícil acesso, muito profundas, é altamente provável. Essa ocorrência tem sido confirmada recentemente com fortes evidências de petróleo na chamada região do pré-sal, no litoral sudeste do Brasil.

Para se ter uma ideia da magnitude dessas reservas, basta dizer que em 2007 as reservas brasileiras medidas (12,6 bilhões de barris) mais as estimadas (7,8 bilhões de barris) totalizavam aproximadamente 20,4 bilhões de barris de petróleo. As recentes descobertas realizadas na região do pré-sal devem elevar significativamente essas reservas. Só as avaliações de apenas duas áreas, a de Tupi e a de Iara, juntas, devem elevar em no mínimo 9,5 bilhões de barris. Mas especula-se que poderão chegar a 14 bilhões de barris, o que praticamente dobra as atuais reservas confirmadas.

O crescimento das reservas confirmadas de gás natural no país também impressiona muito. Em 1990, somavam pouco mais de 172 bilhões de m^3. Em 2007, eram de aproximadamente 365 bilhões de m^3.

Xisto

O xisto betuminoso é uma rocha sedimentar de aspecto folheado. Consiste de uma parte mineral, impregnada com uma mistura de materiais oleaginosos chamada querogênio. O querogênio tem características semelhantes ao petróleo. Dele se retira óleo – do qual se obtém todos os subprodutos do petróleo –, gás e enxofre. O Brasil possui a segunda maior reserva de xisto do mundo, perdendo apenas para os Estados Unidos. A exploração dessas reservas é apenas mais uma entre as várias alternativas de interesse.

Os impactos ambientais decorrentes do processamento do xisto começam com a escavação de grandes áreas, feita para expor a rocha, continuam com a poluição do ar durante o tratamento do minério e terminam com a geração de um enorme volume de resíduos. De qualquer forma, seria uma boa estratégia ter algumas usinas de processamento de xisto instaladas no país. Elas poderiam produzir uma grande quantidade de combustíveis, funcionando ainda como fonte alternativa de matérias-primas das diversas indústrias ligadas à petroquímica.

Por enquanto, no Brasil, a exploração do xisto ainda é modesta. O principal centro de processamento está localizado em São Mateus, estado do Paraná, que processa cerca de 7.800 toneladas diárias de xisto, que resultam em óleo combustível, nafta, gás combustível, GLP (gás de cozinha), enxofre e vários subprodutos que podem ser utilizados em diferentes segmentos industriais, como nas indústrias agrícolas, de asfalto, cimento e cerâmica.

Energia nuclear

A geração de energia nas usinas nucleares decorre atualmente do aproveitamento da energia liberada numa reação atômica denominada fissão nuclear. A reação fundamenta-se no fato de que diferentes elementos químicos, por conterem graus variados de energia interna, têm diferentes graus de estabilidade: quanto maior a energia interna, menor a estabilidade. Assim, quando um núcleo pesado como o do urânio divide-se em dois núcleos mais leves há liberação de uma enorme quantidade de energia. O conteúdo energético de 1 kg de urânio equivale ao poder calorífico de 3000 toneladas de carvão.

Discutir o uso da energia nuclear como uma forma alternativa de se produzir energia para fins pacíficos implica pesar muito bem os riscos associados. Isso sem esquecer o fato de a própria central nuclear consumir grandes quantidades de energia durante seu processo de implementação. Estima-se que nesse processo gaste-se de 10% a 25% da energia total que a central produzirá em 25 anos.

Qualquer avaliação crítica sobre o programa brasileiro de energia nuclear deve inevitavelmente considerar a possibilidade ou não de o Brasil desenvolver outras formas de aproveitamento de energia e dos possíveis riscos relativos que estas possam representar para o ambiente. Como vimos, só nosso potencial hidroelétrico é superior a 250000 MW. Mesmo com a instalação das atuais grandes usinas hidroelétricas, este potencial ainda está longe de se esgotar. O milagre que inclui o "Brasil nuclear" e que deveria colocar o país no conjunto do Primeiro Mundo encontra-se muito distante. Mesmo assim e mesmo sabendo que o custo da energia nuclear é três vezes superior ao da hidroeletricidade, não devemos descartar por completo a necessidade de um programa nuclear. Em primeiro lugar, porque ele representa a tecnologia do futuro, que temos necessidade de conhecer. E em segundo lugar, porque ele não produziria apenas energia e armas de guerra, mas também, eventualmente, grandes contribuições, por exemplo, no campo da Medicina. Toda inovação, fatalmente, tem seus opositores, como ocorreu com Oswaldo Cruz. Entretanto, "não há progresso sem energia e é preciso preparar o futuro com grande antecedência".

Para se conseguir o domínio da tecnologia nuclear, não seria necessário instalar um número muito grande de reatores. Segundo Goldemberg, dois seriam suficientes, desde que a indústria nacional e as universidades fossem realmente chamadas a colaborar no programa.

A grande diversidade de alternativas energéticas do Brasil permite que possamos considerar a opção nuclear como apenas mais uma entre tantas alternativas, o que não é o caso de muitos países. Isso explica em boa medida por que essa alternativa é a que mais cresceu nos últimos anos. Em 1973 respondia por apenas 0,9% da oferta de energia mundial. Em 2006, passou a representar 6,2% de toda oferta mundial de energia.

Cuidados na instalação da usina

Vários são os critérios a serem observados na instalação de uma usina nucleoelétrica. Entre eles podemos citar: o complexo deve ser construído a certa distância dos centros populacionais; a instalação precisa ser precedida de rigorosa análise sismológica para determinar a estabilidade tectônica do terreno – a presença de falhas compromete o projeto; é necessário considerar ainda a estrutura geológica da região no que diz respeito ao assentamento das camadas locais do terreno, para evitar comprometimento futuro das estruturas de concretos da usina.

Outro aspecto a ser levado em conta é a circulação atmosférica local, responsável pelo nível de dispersão dos materiais radiativos liberados para a atmosfera em relação aos núcleos de concentração populacional. Por outro lado, é preciso ter clareza de que o constante aperfeiçoamento tecnológico e de segurança é condição para atenuar riscos naturais dessa alternativa.

No caso das usinas brasileiras de Angra dos Reis e daquelas que poderão vir a ser instaladas no litoral sul de São Paulo, alguns dos critérios de segurança recomendados não foram observados, entre eles o da distância mínima dos centros populacionais e dos estudos geológicos.

O uso da energia nuclear envolve tecnologias de grande risco. Parece-nos que a melhor forma de se garantir um mínimo de segurança na aplicação dessa tecnologia é elaborar programas onde a sociedade civil esteja representada por cientistas especializados e o Estado por um Congresso livre, probo e soberano. Tais condições não estavam preenchidas em 1974, quando se elaborou a política energética nuclear, da qual ainda sofremos consequências: problemas técnicos que não permitem o pleno funcionamento das usinas de Angra dos Reis, as quais são exemplos notórios de possíveis consequências da falta de transparência no trato de questões de grande interesse público.

Outras alternativas energéticas viáveis

Existem ainda várias fontes primárias de energia ainda consideradas de menor importância, que poderiam ser usadas para diminuir nossa dependência, principalmente a do petróleo, e também para minimizar o impacto ambiental. Entre elas destacam-se os ventos, as marés e o calor dos oceanos.

No caso dos ventos, por meio dos moinhos torna-se possível a geração da eletricidade: o cata-vento é composto por um rotor, um multiplicador de velocidade e um gerador eólico. Mas é pequeno individualmente o coeficiente de conversão e também a eficácia do processo depende muito da velocidade dos ventos. Uma aplicação de grande interesse está na possibilidade de seu uso se destinar a irrigações. Mundialmente, há estimativas que apontam para a possibilidade de se gerar 1 000 000 MW.

O Brasil parece ter finalmente acordado para a alternativa eólica, que já figura como mais uma opção em uso nos estados do Ceará e Pernambuco (Fernando de Noronha). Medidas mais precisas sobre a velocidade dos ventos superiores a 7 m/s no Brasil permitem afirmar que o Brasil tem um grande potencial eólico.

A perspectiva de geração de expressiva quantidade de energia a partir da biomassa chama a atenção, já que é incontestável a vocação natural brasileira para a produção de biomassa. No rol das alternativas de biomassa o bagaço da cana-de-açúcar tem atraído muito a atenção de investidores, empresários e governos. Expressivos ganhos de eficiência na conversão da energia térmica em elétrica nas usinas de açúcar e álcool ajudaram a baixar o custo operacional de muitas usinas no Brasil, nas últimas décadas.

As oscilações das marés podem ser aproveitadas por intermédio de construção de barragens, por onde entram e saem as águas. Estas oscilações tanto em alta quanto em baixa podem movimentar as turbinas, gerando energia. Quanto maior for a amplitude teremos maior produção de energia hidroelétrica.

O Brasil por ser banhado de norte a sul pelo oceano Atlântico pode também dispor do recurso energético do calor das águas oceânicas. Há uma diferença de temperatura entre a superfície e as profundezas de aproximadamente 20 graus centígrados, gerando um fluxo entre as águas de profundidade e as de superfície. Isso permite especular sobre a possibilidade de se usar um dispositivo térmico que funcione para aproveitar a energia gerada por esse fluxo: o princípio, em sistemas fechados, consiste em vaporizar um fluido que tenha baixo ponto de ebulição e com o vapor formado movimentar uma turbina que alimenta um gerador. A viabilidade operacional desse método é ainda remota, pois a eficiência do método é baixa.

É claro que o uso dessas fontes exigiria o desenvolvimento de métodos de conversão que as tornassem economicamente viáveis. Mesmo assim, estas alternativas, integradas aos outros métodos, podem representar significativo incremento na versatilidade e disponibilidade de energia.

Capítulo VIII

CONSIDERAÇÕES FINAIS

Ambiente

Numa retrospectiva das últimas décadas, percebemos que o homem vem alterando o perfil da superfície terrestre com uma velocidade no mínimo preocupante. A ponto de suas consequências só poderem ser dimensionadas muito tempo depois – às vezes tarde demais! Uma avaliação estabelecida a partir da Revolução Industrial e fundamentada nos indicadores ambientais preocupa. Hoje já estamos, por exemplo, sentindo os efeitos do consumo indiscriminado dos combustíveis fósseis, das queimadas, do uso dos CFCs, etc.

Embora os problemas relacionados ao ambiente sejam conhecidos há certo tempo, apenas recentemente alguns temas a eles ligados assumiram papel de destaque nos meios de comunicação. E isso só aconteceu porque os problemas assumiram proporções alarmantes. Por diferentes razões, interesses e meios, pessoas e grupos envolvidos na conservação do ambiente invariavelmente sustentam suas defesas ou apoiados no sentimentalismo poético do tema ou numa argumentação lógica e consequente. Normalmente discutem-se somente consequências e não as causas.

Quando analisamos os temas que compõem hoje a problemática ambiental, deparamo-nos com algumas questões estruturais. Até que ponto o processo de desenvolvimento econômico está relacionado com a qualidade de vida e se torna incompatível com o conceito de proteção ambiental? Como beneficiar-se das conquistas tecnológicas sem prejudicar o ambiente? Como adequar o crescimento demográfico e a urbanização às necessidades biofísicas do homem?

Os temas discutidos neste livro, embora representem somente parte de uma realidade ambiental, apontam para uma perspectiva nada otimista de qualidade de vida. Vemos que, embora exista poluição causada por algumas fontes naturais, as que agravam mesmo alguns fenômenos, como os da chuva ácida, do efeito estufa e da depleção da camada de ozônio são as antropúrgicas: o automóvel, a indústria, a cidade. As principais estratégias de controle da poluição devem, portanto, recair sobre essas fontes.

No entanto, falar sobre esse controle é mais fácil do que estabelecê-lo. Afinal, os bens de consumo associados às atividades-fontes de poluição em geral tornam a vida das pessoas mais confortável ou mais prática, tanto individual como coletivamente. Como prescindir, renunciar ou racionalizar o uso do transporte automotivo, dos sistemas de refrigeração que utilizam CFCs, dos plásticos, dos tecidos sintéticos e de todos os outros derivados do petróleo? Por que não se tenta viabilizar a exploração de combustíveis, em larga escala, que não gerem tantos impactos quando os combustíveis fósseis?

Quanto aos reservatórios naturais ameaçados, a questão extrapola o simples controle das fontes de poluição. No caso da destruição das florestas, não basta, por exemplo, acabar com as queimadas. O método e o critério de desmatamento, de mineração e do aproveitamento dos recursos energéticos constituem a causa-origem da degradação generalizada; é preciso reformular completamente a exploração desses recursos. Nos manguezais o problema é ainda mais grave. O desconhecimento da importância desses ecossistemas e a pouca veiculação do ritmo de degradação faz com que haja pouco interesse e envolvimento da sociedade na conservação. Com isso os manguezais estão sendo destruídos numa velocidade simplesmente assustadora.

O lixo urbano-industrial emerge do contexto ambiental como um problema atualmente "sem saída". Para resolvê-lo será preciso promover, no mínimo, uma completa reestruturação da política de destinação dos resíduos, por duas simples razões. Em primeiro lugar, porque vários materiais que compõem o lixo são: a) de origem não renovável; e b) passíveis de reciclagem. Nesses casos, portanto, os resíduos poderiam ser uma alternativa importante de fornecimento de matérias-primas, como os metais, os plásticos e também os vidros. Em segundo lugar, o lixo gerado principalmente pelos centros urbanos e industriais tem crescido tanto de volume nestas últimas décadas que falta muito pouco para que – literalmente – não haja mais onde colocá-lo. Isso sem falar no comprometimento ambiental causado pelas técnicas de destinação do lixo, mais frequentemente utilizadas.

Se refletirmos profundamente sobre a problemática ambiental, vamos perceber que na maioria das vezes ela está relacionada, direta ou indiretamente, à questão energética. Quer pela opção preferencial pelo uso de um determinado tipo de combustível (como o petróleo), quer pela priorização de certos tipos de transportes (como o rodoviário), quer pela forma como os recursos energéticos são aproveitados, a questão energética está na base tanto da poluição como do desenvolvimento de uma nação. Assim, projeta-se como uma questão central na discussão sobre ecologia a busca de alternativas, a racionalização dos métodos de exploração e a avaliação do impacto ambiental que venham a gerar, enfim, uma política energética nacional, planejada e estruturada numa visão integrada das diversas áreas do conhecimento científico.

Por outro lado, chegamos a um ponto de desenvolvimento no qual recuar é quase impossível ou impraticável, em grande parte devido à natureza e à complexidade dos interesses envolvidos. É provavelmente por essas razões que, em matéria de ecologia, é difícil de se chegar a um consenso e muito menos a uma conclusão. Mesmo assim, é inegável que a crise ecológica remete a uma crise de valores humanos. E porque nem sempre a lógica determina a decisão, dilemas desta natureza são muito difíceis de serem equacionados.

Seja como for, não podemos assumir uma posição ingênua de simples negação do que aí está. Muito menos entregar nosso destino à "providência divina", acreditando que as leis que regem o equilíbrio natural dos ecossistemas são meros caprichos da natureza (e podem ser ignoradas) ou que tais leis são capazes de garantir o reequilíbrio natural, independentemente daquilo que façamos.

Sociedade

Quando escolhemos o tema deste livro – do nicho ao lixo: o ambiente, a sociedade e a educação –, tínhamos em mente vários propósitos. Refletir sobre a epopeia humana. Compreender o significado do desenvolvimento tecnológico para o homem. Avaliar algumas consequências deste desenvolvimento para a sociedade.

O título de nosso trabalho não tem o enfoque antropofágico da visão oswaldiana do mundo. Em Oswald de Andrade, a antropofagia tinha como objetivo projetar o novo em nossa cultura. Nela havia um projeto de construção do novo homem brasileiro. Nós estamos usando a noção de antropofagia com um outro enfoque. Tomamos a palavra "nicho" para expressar as condições naturais do hábitat necessárias à reprodução da vida, procurando colocar o planeta em diferentes escalas de abordagem como nicho do homem. Diferentemente de Oswald, achamos que a antropofagia realizada pela sociedade humana caminha no sentido da autodestruição. Dela provavelmente resultará o caos, a mutilação e a destruição da espécie. Mesmo sobrevivendo, o homem provavelmente será um novo ser, cuja imagem e natureza em nada lembrarão o modelo que inspirou os grandes humanistas.

Como pudemos ver ao longo deste trabalho, o caminho escolhido pela sociedade para relacionar-se com a natureza foi o do pragmatismo imediatista, que prevaleceu sobre uma prática planejadora conservacionista. Analisando o processo de desenvolvimento tecnológico, pudemos ver que o progresso das técnicas foi estimulado pela criação de novas necessidades de produção e de consumo e tiveram finalidades muitas vezes duvidosas.

Nossa análise quase sempre ateve-se à realidade brasileira. Mesmo assim, achamos que o leitor nos acompanhou sem grande esforço quando extrapolamos esta realidade e falamos, por exemplo, dos programas energéticos e de transportes.

Como negar que programas energéticos nucleares não se orientaram (e ainda hoje não escondam) por motivações alheias aos reais interesses da sociedade? A proliferação do transporte individual raramente foi questionada pelo Estado ou pela sociedade. Como vimos, o automóvel é hoje um dos grandes responsáveis pelos dramas das cidades e o grande obstáculo para seu planejamento. É notória a responsabilidade dos governos e das empresas em todos os sistemas político-econômicos com aqueles programas. As agressões – acidentais ou "intencionais" – causadas aos ecossistemas pela indústria do petróleo sempre apareceram como "o preço a pagar pelo progresso".

A parcela menos numerosa, porém a mais poderosa, da sociedade, por interesse ou por desconhecimento, sempre esteve muda diante dos riscos de destruição ambiental. A satisfação de necessidades criadas como condição ideal para o desenvolvimento da tecnologia, do progresso humano e do consumo falou mais alto. A essa parcela da população agregaram-se os despossuídos, alheios a outros problemas que não sejam os da mais imediata sobrevivência e que por essa razão relegam a ecologia a um plano secundário.

Vivemos hoje a época dos grandes paradoxos. A mídia, que estimula o uso perdulário dos recursos naturais, também divulga apelos emocionantes à conservação ambiental. Ou seja: ao mesmo tempo que convoca os cidadãos para conservar a natureza, estimula o consumo dos descartáveis que aumentam a produção do lixo urbano. Com isso, cria a necessidade de novos aterros sanitários que podem comprometer cada vez mais a qualidade dos ecossistemas. O nicho tende a se transformar cada vez mais em lixeira da sociedade.

A industrialização acelerada e desordenada vivida pelas metrópoles modernas detona desequilíbrios ambientais e faz das mesmas centros nervosos, produtoras de indivíduos estressados. Isso desencadeou o aparecimento da "indústria do verde", destinada a "tratar" do homem metropolitano: são os clubes de campo e condomínios fechados com amplas áreas verdes oferecidos como produtos paradisíacos para a sociedade abastada! Isso talvez resulte da perspectiva teórica de que a cidade foi feita para a indústria, para o automóvel e para o trabalho estafante. Representa a visão de um urbanismo que reconhece a cidade como "fábrica de loucos", na qual qualquer planejamento é incapaz de reintegrar de forma saudável o homem ao espaço da cidade. Assim, quem pode avança para as periferias verdes, últimos redutos dos já comprometidos ecossistemas urbanos.

A indústria automobilística produz cada vez mais automóveis, um modelo mais impressionante do que o outro. Isso provoca o ingresso de um número crescente de veículos de transporte individual nos espaços das cidades e nos leva a duvidar de qualquer planejamento urbano que não considere a necessidade de controle deste crescimento como forma de conservação ambiental. O automóvel não é o único grande gerador dos atuais problemas ambientais. Mas, sem dúvida, é um dos principais, como pudemos identificar no decorrer de alguns dos temas discutidos: chuva ácida, efeito estufa, etc. As análises feitas no decorrer deste trabalho evidenciam nossa preocupação com o risco representado pela expansão desenfreada do transporte individual (automóveis). Ele traz muitas vantagens, mas os riscos acarretados para o ambiente colocam em dúvida estas vantagens.

Hoje existem tecnologias para conter a emissão de algumas substâncias poluidoras pelos carros, como é o caso dos catalisadores e da injeção eletrônica. Mesmo incorporadas aos novos veículos, os automóveis continuam a representar grandes problemas. Entre eles, a pressão contínua sobre o espaço físico da cidade, como a criação de novas vias, estacionamentos, desapropriações que comprometem o patrimônio histórico. Além disso, temos os terríveis problemas de trânsito que se desdobram em infindáveis níveis de tensões para o homem. Dificilmente o automóvel se transformará "num agente mudo" no cenário da cidade.

A experiência de outros países

Alguns pontos norteiam os debates acerca da questão ambiental urbana. No Brasil, as iniciativas nessa direção esbarram na falta de costume de se trabalhar de modo global os problemas ligados aos processos de urbanização. Algumas experiências já desenvolvidas em outros países podem ajudar a iniciar uma discussão. Numa delas, realizada na província do Quebec, no Canadá, o processo de organização territorial foi concebido a partir de um programa de descentralização e de uma nova perspectiva comunitária. Como premissa a qualquer iniciativa de transformação urbana, existem os estudos prévios de sua viabilidade nos "Municípios Regionais de Condado" e também entre eles. "No Quebec, o planejamento ambiental é uma realidade assumida não só pelos órgãos governamentais centrais, mas por muitos agentes sociais envolvidos nas discussões e nas decisões sobre a ocupação e exploração do solo", como relata M. Viezzer.

Quando se questiona a necessidade de elaboração de modelos que regulem os modos e a dinâmica das transformações urbanas, é preciso ter a visão e a não aceitação dos atuais métodos utilizados. Nos países subdesenvolvidos são essencialmente aleatórios, sem critérios, e têm gerado problemas muito sérios de várias naturezas. Por outro lado, há que se ressaltar as peculiaridades da realidade brasileira e nesse contexto desenvolver modelos próprios. No caso brasileiro, devido à quase absoluta desconexão entre as ciências do planejamento territorial e o setor produtivo, esse tipo de preocupação deverá contemplar também, e necessariamente, uma revisão geral do papel da pesquisa científica global e do planejamento público.

Nessa história, especialmente a comunidade científica faz o papel de herói e de anti-herói. Determina profundas transformações da sociedade através do progresso técnico, da industrialização e, no limite, até acaba influindo seriamente no seu funcionamento. Tudo constitui para esta comunidade não apenas uma grandiosa experiência, mas também, sem encarar a possível catástrofe que suscitaria a plena aplicação de seus conhecimentos, uma aventura, onde os produtos de seu gênio, escapando-lhe do controle, têm se voltado contra ela própria. Querer um humanismo futuro é consentir em um cansar-se sem fim para assimilar e dominar a técnica – um campo ilimitado aberto ao esforço humano.

Educação

Ensino e educação ambiental são atualmente duas áreas ligadas não só às escolas mas também a instituições como empresas, igrejas, associações de bairros e clubes, etc, que estão sempre elaborando cursos e campanhas sobre ecologia. É igualmente comum que as escolas tenham programas e atividades extraclasses visando ao ensino da matéria. Para nós é a escola, como instituição voltada à produção do saber crítico, que deve refletir e agir no sentido de mobilizar as pessoas em prol do ambiente. Hoje, mais do que nunca, professor e escola devem incluir no interior de seus currículos e programas temas ligados à crise ambiental.

Não estamos advogando a presença na escola de um professor superespecializado. Institucionalizar no interior de currículos e programas um espaço para que os grandes temas da questão ecológica sejam trabalhados por uma equipe interdisciplinar é condição suficiente para o surgimento de debates críticos, que apontem na direção de soluções para os problemas ambientais. Quando isso acontecer, a escola se transformará numa instituição de ponta e, junto com outras instituições, fará a articulação dos movimentos ambientalistas responsáveis que atualmente se encontram difusos.

No campo da educação formal e informal, as prioridades contemporâneas apontadas, inclusive pelos novos exames de ingressos em universidades, como o próprio Enem (Exame Nacional do Ensino Médio), passam pela reformulação dos conteúdos pedagógicos, pelos métodos de trabalho e desenvolvimento desses conteúdos e pela introdução nos currículos de uma prática transdisciplinar que tenha as ciências ambientais como um nó de rede, a partir da qual várias tramas podem ser tecidas.

Usando a comunicação de massa para divulgar ao grande público noções básicas de conservação ambiental, seria possível mudar o enfoque da questão. Afinal, o conhecimento permite às pessoas intervirem de modo responsável sobre a própria realidade.

No entanto, não bastam as boas ideias e as boas intenções. É preciso que a retórica dos discursos inflamados de políticos e ambientalistas não se esgotem em si, mas se transformem em soluções globalizantes. Também é preciso acabar com a impunidade que ainda acoberta e protege os responsáveis pelos fracassos de muitas iniciativas lúcidas conservacionistas, fazendo-os reparar os malefícios causados ao ambiente, como é o caso dos responsáveis pelas queimadas indiscriminadas.

Esta nossa posição, embora possa parecer por demais simplificadora e até populista, é necessária e talvez constitua condição indispensável para se colocar a questão ecológica numa perspectiva de corresponsabilidade entre indivíduos e sociedade. A qualidade de vida das futuras gerações depende desta prática ecológica. Ela requer profundas mudanças no estilo de vida da sociedade contemporânea e uma completa reformulação das prioridades que caracterizam os programas de desenvolvimento tanto dos países subdesenvolvidos como das nações desenvolvidas. O que está em jogo nesta questão é exatamente o sentido do homem e da sua existência.

"...Não há um lugar calmo nas cidades do homem branco. Nenhum lugar para escutar o desabrochar de folhas na primavera ou o bater de asas de um inseto. Mas talvez seja porque eu sou selvagem e não compreenda..."

(Manifesto enviado pelo chefe Seattle ao presidente dos Estados Unidos.)

Glossário

Aerossol – dispersão de sólido ou líquido em meio gasoso.

Ångström (Å) – Unidade de medida de comprimento equivalente a $1,0 \times 10^{-10}$ metro.

Biomassa – Conteúdo de matéria orgânica existente em um organismo, numa população ou ainda num ecossistema; encarada como combustível, traduz a relação existente entre o conteúdo interno de energia na matéria e o disponível. E também, conforme a definição de E. P. Odum, é o peso vivo, conjunto constituído pelos componentes bióticos de um ecossistema: produtores, consumidores e desintegradores.

Combustão – Reação entre o oxigênio (O_2), normalmente do ar, com outros compostos, geralmente referida como queima.

Ecossistema – Denominação dada a um ambiente, no qual se incluem seus elementos formadores abióticos (ar, água e solo) e bióticos (fauna e flora) e seus constituintes, que têm capacidade de fixar matéria e energia.

Evapotranspiração – Processo de perda de água dos vegetais devido à associação da transpiração com a evaporação. Quantitativamente, corresponde à água transferida do solo à atmosfera por evaporação e transpiração das plantas.

Hábitat – Caracteriza um local com suas especificidades ecológicas onde vivem os animais, individualmente ou em comunidade.

Hectare – Unidade de medida de área (1 ha = 10 000 m^2; 1 km^2 = 100 ha).

Hidrólise – Reação de uma espécie (carregada eletricamente) com a água. Hidro = água; lise = quebra.

Megawatt – Unidade de potência, usada também para exprimir a potência elétrica de uma usina (1 MW = 10^6 W; 1 MW = 238,9 kcal/s).

Micrômetro (μm) – Milionésima parte do metro (0,000001 m); 1 micrômetro equivale a 10000 Ångströns.

Octanagem – Classificação usada para qualificar a gasolina; nesta, 0 (zero) de octanas está associado à presença de n-heptano (C_7H_{16}) e 100 (cem) à presença do 2,2,4-trimetil-pentano (C_8H_{18}).

Partículas – Unidade simples de material sólido ou líquido com dimensões maiores do que as moleculares, isto é, maiores do que 0,001 micrômetro.

Pirólise – Combustão ocorrida em atmosfera rarefeita.

Trustes – Forma de concorrência imperfeita, na qual a oferta e a procura não é livre.

Relação dos nomes de compostos com as respectivas fórmulas moleculares:
- ácido carbônico: H_2CO_3
- ácido nítrico: HNO_3
- ácido nitroso: HNO_2
- ácido sulfúrico: H_2SO_4
- amônia: NH_3
- butano: C_4H_{10}
- celulose: polímero de massa molecular elevada que contém a unidade monomérica:

- dióxido de enxofre: SO_2
- dióxido de nitrogênio: NO_2
- etanol ou álcool etílico: C_2H_5OH
- gás sulfídrico: H_2S (se em solução, ácido sulfídrico)
- gesso: $CaSO_4$ (sulfato de cálcio)
- mármore: $CaCO_3$ (carbonato de cálcio)
- metano: CH_4
- metanol ou álcool metílico: CH_3OH
- monóxido de nitrogênio: NO
- nitrogênio (presente no ar): N_2
- óxidos de nitrogênio: NO_x – denominação geral dada aos diversos óxidos de nitrogênio.
- óxido de ferro III (principal constituinte da hematita): Fe_2O_3
- ozônio: O_3
- propano: C_3H_8

Sugestões de vídeos e sites interessantes

Vídeos

Estamira. Direção: Marcos Prado. Duração: 121 min. Brasil, 2006.

Lixo extraordinário. Direção: Lucy Walker. Codireção: João Jardim, Karen Harley. Produção: Angus Aynsley, Hank Levine. Coprodução: Peter Martin. Produção executiva: Fernando Meirelles, Miel de Botton Aynsley, Andrea Barata Ribeiro, Jackie de Botton, Aloysio Compasso, José Lozeiro. Duração: 99 min. Brasil, 2009.

Lixo, onde é que eu jogo? Direção: Mauro Faria/Realização: EMA Vídeo. Duração: 24 min. Brasília, 1990.

Sistema subterrâneo de recolhimento de lixo em Barcelona. TV Globo. Duração: 4 min. Disponível em: <www.youtube.com/watch?v=rBJ3QrI4V60>. Acesso em: 18 nov. 2015.

Um oceano de plástico: a sujeira se acumula no lixão do Pacífico. Fantástico. TV Globo. Duração: 7 min. Disponível em: <www.youtube.com/watch?v=2bSN9JXsS90>. Acesso em: 2 out. 2012.

Sites

Catadores – Cooperativa dos Catadores Autônomos de Papel, Aparas e Materiais Reaproveitáveis – Coopamare
<https://coopamare.wordpress.com>. Acesso em: 27 set. 2017.

Embalagens – Associação Brasileira de Embalagem
<www.abre.org.br>. Acesso em: 2 out. 2012.

Garrafas pet – Asso ciação Brasileira da Indústria do PET – Abipet
<www.abipet.org.br>. Acesso em: 2 out. 2012.

Lixo em geral – Ambiental Lixo Zero
<www.lixozero.com.br>. Acesso em: 2 out. 2012.

Papel/Papelão – Indústria Brasileira de árvores – Ibá
<www.iba.org/pt>. Acesso em: 18 nov. 2015.

Plástico – Associação Brasileira da Indústria de Embalagens Plásticas Flexíveis – Abief
<www.abief.com.br>. Acesso em: 2 out. 2012.

Associação Brasileira da Indústria do Plástico – Abiplast
<www.abiplast.org.br>. Acesso em: 2 out. 2012.

Reciclagem – Recicloteca – Centro de Informações sobre Reciclagem e Meio Ambiente
<www.recicloteca.org.br>. Acesso em: 2 out. 2012.

Rota da reciclagem
<www.rotadareciclagem.com.br>. Acesso em: 2 out. 2012.

Vidro – Associação Técnica Brasileira das Indústrias Automáticas de Vidro – Abividro
<www.abividro.org.br>. Acesso em 2 out. 2012.

Bibliografia

AB'SABER, A. A sociedade urbano-industrial e o metabolismo urbano. In: CHASSOT, Attico; CAMPOS, Heraldo (Org.). *Ciências da Terra e meio ambiente: diálogos para (inter)ações no Planeta.* São Leopoldo: Unisinos, 1999, p. 253-259

ANDRADE, J. B.; SARNO, P. Química ambiental em ação: uma nova abordagem para tópicos de Química relacionados com o meio ambiente. *Química Nova,* 13 (3), 213-21, 1990.

BABELLO, A. L. Efeito estufa. *Ciência Hoje,* 5(29), 51-5, 1987.

BAKER, J. J. W.; ALLEN, G. E. *Estudo da Biologia.* São Paulo: Edgard Blücher, v. 2, 1975.

BENN, F. R.; McAULLIFFE, C. A. *Química e poluição.* São Paulo: LTC/Edusp (tradução: Pitombo, L. R. M. e Massaro, S.), 1981.

BRANCO, S. M. O fenômeno Cubatão. Cetesb-Ascetesb, 1984.

_____. *Ecossistema:* uma abordagem integrada dos problemas do meio ambiente. São Paulo: Edgard Blücher, 1989.

_____. *O desafio Amazônico.* São Paulo: Moderna, 1989.

_____. *Energia e meio ambiente.* São Paulo: Moderna, 1991.

CARVALHO, J.; GOLDEMBERG, J. *Economia e política da energia.* Rio de Janeiro: José Olympio, 1980.

FERREIRA, R. F. Os manguezais da baía de Vitória (ES) – um estudo da geografia física integrada. Tese de doutorado, DG-FFLCH/USP, 1989.

FLORENCE, T. M. *The speciation of trace elements in water.* Talanta, 29, 345-65, 1982.

FRIEDMANN, G. *Sete estudos sobre o homem e a técnica.* Porto: Difusão Europeia do Livro, 1968.

GALBRAITH, J. K. *A economia e o objetivo público.* São Paulo: Livraria Martins Editora, 1975.

Glossário de Ecologia. Publicação Aciesp, n. 57, 1. ed. 1987 – Publicado pela Academia de Ciências do Estado de São Paulo.

GROSSI, M. G. Lixo: resíduo da civilização. Dissertação de mestrado, Instituto de Química – USP, 1989.

JÚNIOR, I. P. M. *Petróleo*: política e poder. Rio de Janeiro: José Olympio, 1989.

MOSER, A. *O problema ecológico e suas implicações éticas.* Rio de Janeiro: Vozes, 1983.

ODUM, E. P. *Ecologia.* Rio de Janeiro: Guanabara, 1988.

PONTIN, J. A. *O cultivo intensivo da cana-de-açúcar e a qualidade do solo. Uma análise integralizadora do Proálcool.* São Paulo: Tese de doutorado – Instituto de Química-USP (SP), 1996, 262 p.

Preservação do Meio Ambiente: manifesto do chefe Seattle ao presidente dos EUA. Editora Babel Cultural. 1987.

SANTOS, J. A. *Manuais práticos de vida, um guia de autossuficiência. Biodigestores.* São Paulo: Editora Três, 1986.

SENENT, R. *A poluição.* Rio de Janeiro: Salvat Editora do Brasil, 1979.

VASCONCELOS, N. V.; ABREU R. M. Situação do controle da poluição em Cubatão. *Ambiente,* 1(3), 128-31, 1987.

VIEZZER, M. Organização territorial com participação dos municípios. A experiência do Quebec, Canadá. Ambiente, 1(3), 142-6, 1987.

ZYSMAN, N. *Era verde?* Ecossistemas brasileiros ameaçados. 24. ed. São Paulo: Atual, 2013.

Referências na *Web*

Portal do grupo Abril, direcionado a temas ambientais
http://planetasustentavel.abril.com.br
Acesso em: 25 set. 2012.

Portal do Governo do Estado de São Paulo ligado a questões ambientais
www.ambiente.sp.gov.br
Acesso em: 25 set. 2012.

Jornal Ecol News
www.ecolnews.com.br
Acesso em: 25 set. 2012.

Instituto Nacional de Pesquisas Espaciais
www.inpe.br
Acesso em: 25 set. 2012.